DEN LYSERØDE TREKANT MELLEM POLITIK, AIDS OG KULTUR

Bent Hansen, Steffen Jensen,
Henning Sandau, Kurt Sandau

DEN LYSERØDE TREKANT MELLEM POLITIK, AIDS OG KULTUR

Erindringer fra Landsforeningen for Bøsser og Lesbiske fra 1971 til 2002 – og lidt mere

FSC
www.fsc.org
MIX
Papir fra ansvarlige kilder
Paper from responsible sources
FSC® C105338

Forlag: BoD – Books on Demand, København, Danmark
Tryk: BoD – Books on Demand, Norderstedt, Tyskland

ISBN: 978-87-43-026921

Indholdsfortegnelse

Forord

Landsforeningen for Bøsser og Lesbiske (i dag LGBT Danmark) var en stor del af vores liv i 1980'erne og for nogle af os også i mange år efter. Og vi udgjorde også i al beskedenhed en central del af Landsforeningens liv og arbejde i de år, hvor mange store begivenheder fandt sted.

Noget, der fyldte meget i foreningens arbejde, var kommissionen til belysning af homoseksuelles forhold – også kaldet Homokommissionen. Nedsættelsen, sammensætningen og arbejdet i kommissionen beskrives i et særskilt afsnit. Men mange af de meget vigtige forhold, som kommissionen arbejde med, behandles i deres egne afsnit. Det gælder fx den verdenshistoriske indførelse af registreret partnerskab for personer af samme køn, arveret eller adgang til adoption.

Hiv og aids fylder meget i vores beretning, fordi det fyldte meget i vores verden, da epidemien var på sit højeste, og vi skulle køre på vejen mens vi asfalterede den.

Dette er vores erindringer om vores politiske arbejde og arbejde med at lede Landsforeningen– og dermed vores personlige vinkel på foreningens historie. På den ene side skriver vi om vores egne oplevelser, de politiske debatter vi deltog i, de udvalg og kommissioner vi var med i, møder og samarbejder med politikere, embedsmænd og andre beslutningstagere samt det samfund, som Danmark var dengang. På den anden side skriver vi om det indre liv og de mange aktiviteter, som Landsforeningen dengang var præget af og som vi også var del af.

Vores historie har fokus på perioden fra midt i 1970'erne frem til 2002 – med enkelte tråde både længere tilbage og længere frem i tiden.

Og hvem er vi så:

Bent Hansen var aktivist fra 1975 og medlem af Landsforeningens hovedbestyrelse som næstformand 1977-1984, leder af det udenrigspolitiske arbejde 1976-1986, ansat sekretariatsleder 1984-1995 og landsformand 1998-2002. I sit arbejdsliv var Bent folkeskolelærer i Gladsakse kommune (1971-1984) og herefter sekretariatsleder i Landsforeningen og konsulent i Stop-Aids-kampagnen, fra 1996 administrationschef i Hiv-Pensionatet og fra 1999 sekretariatschef i Hiv-Danmark. Fra 1986 desuden chef for Aids-Linien, og fusionsdirektør og derefter rådgivningschef i Aids-fondet 2011-14.

Steffen Jensen var medlem af Landsforeningens hovedbestyrelse 1981-92, formand for Bygge- og Støttefonden 1981–84 og derefter formand for Pan A/S fra 1984-92, samt engageret i det udenrigspolitiske arbejde fra 1986-2019, og bl.a. koordinator for ILGAs arbejde i forhold til EU og Europarådet 1990-1996 og medlem af bestyrelsen for ILGA-Europe 1997-2000. Steffen er cand.scient. i matematik og fysik og i sit arbejdsliv var han i begyndelsen adjunkt på Ordrup Gymnasium og fra 1983 ansat i Undervisningsministeriet som undervisningsinspektør- og konsulent og fra 1997 som kontorchef.

Henning Sandau (dengang Jørgensen) blev medlem af hovedbestyrelsen i 1975, næstformand i 1976 og landsformand fra 1977 til 1986. Medlem af Homokommissionen (1984 – 1988). Henning var i sin aktive tid i Landsforeningen ansat i en fagforening. Fra 1986 ansat i Sundhedsstyrelsen, det meste af tiden i Aids-sekretariatet. Masteruddannelse fra CBS om ledelse i komplekse organisationer 2004. Han var tillidsrepræsentant for magistergruppen i 20 år og næstformand i samarbejdsudvalget i 12 år.

Kurt Sandau (dengang Kurt Benny Hansen) var medlem og næstformand i Københavnsafdelingens bestyrelse fra 1976 og af hovedbestyrelsen fra 1977 og redaktionssekretær for Pan Bladet fra1979 frem til midten af 1980'erne. Formand for Pan Clubs bestyrelse 1978 -1980 i Nybrogade og fra 1980 - 1985 i Knabrostræde, hvor han også var bevillingshaver. Blev gift med Henning i 1993 (havde boet sammen siden 1975).

Vi synes, at historien om, hvad der skete i og hvordan vi oplevede de begivenhedsrige og vigtige år for bøsser og lesbiske i Danmark, fortjener at blive husket.

Vi må konstatere, at Landsforeningen virkelig kom igennem med en lang række helt afgørende problemstillinger, mens vi havde ansvaret. Men vi var selvfølgelig rigtig mange om det. Også flere, end vi nævner her. Tak til alle de engagerede ildsjæle, vi har arbejdet sammen med i Landsforeningen. En særlig tak til Søren Skov som ikke blot gennem mange år har presset på for at vi skulle skrive denne historie ned, men som også har bistået med redigering af nogle af afsnittene i skriftet. I sidste fase har vi haft stor glæde og gavn af den redaktion, som Martin Christensen har gennemført. Tak for det.

Vi benytter i dette skrift de termer, som blev anvendt dengang. Og vi betegner Landsforeningen for Bøsser og Lesbiske, som før hed Forbundet af 1948 og nu hedder Landsforeningen for Bøsser, Lesbiske, Biseksuelle og Transpersoner – LGBT Danmark, som ”Landsforeningen”.

Titlen ”Den lyserøde Trekant” henviser til den trekant, som homoseksuelle fanger bar i kz-lejrene under anden verdenskrig, og som man homoseksuelle organisationer bruget som logo før regnbueflaget slog igennem. Men den refererer også til en kritisk artikel i Information i slutningen af 1980’erne som beskrev en efter skribentens mening uhellig alliance mellem Socialdemokratiet, Sundhedsstyrelsen og Landsforeningen.

Indledning

Da vi blev valgt ind i ledelsen af Landsforeningen

Pragmatisme og aktivisme gik hånd i hånd, da der var skete et generationsskifte i Landsforeningen for Bøsser og Lesbiske sidst i 1970'erne, hvor Henning, Kurt, Bent og Steffen overtog ledelsen af foreningen. Det var at balancere mellem de ældre medlemmer og de yngre og mere radikale medlemmer. Men i 1979 arrangerede foreningen fx sammen med Bøssernes Befrielsesfront en demonstration mod præstestyret i Iran.

Da Henning, Bent og Steffen overtog ledelsen af Landsforeningen sidst i 1970'erne/begyndelsen af 1980'erne drøftede vi indimellem, at der var risiko for, at vi tabte flere ældre generationer på gulvet, hvis vi kørte for hurtigt frem med den fornyelse af foreningen, som vi syntes var hårdt tiltrængt. Også Bøssernes Befrielsesfront (BBF) og Lesbisk Bevægelse (LB) pressede på for at ændre den alt for usynlige, gamle homofile forening i retning af en mere progressiv og mere højtråbende organisation.

Mange af Landsforeningens unge medlemmer var tilmed tilknyttet de to organisationer og var samtidig meget aktive i Forbundet, som vi ofte kaldte Landsforeningen dengang. Selvom vi var utålmodige, forsøgte vi at fastholde en rolig udvikling og holde os til en pragmatisk adfærd.

Mulighederne i det politiske system

En af de gennemgående ting, vi kommer ind på i vores personlige vinkel på Landsforeningens historie - er vores tætte samarbejde med politikere, visse embedsmænd og andre professionelle (læger, advokater og så videre) og medierne. Det var et resultat af en meget systematisk - og konsekvent gennemført – tænkning.

Som andre interesseorganisationer var det Landsforeningens mål få indflydelse på Folketinget, de politiske partier, embedsmænd, medierne og befolkningen generelt. Og da det dengang stadig var en dansk tradition, at interesseorganisationer til en vis grad blev inddraget i den politiske proces, var det naturligt, at Landsforeningen fx blev inddraget i beslutningsprocessen i forbindelse med lovgivningen om registreret partnerskab.

Når der var opnået enighed mellem Landsforeningen og repræsentanter for et flertal i Folketinget, var det naturligvis foreningens opgave at bakke op blandt sine egne medlemmer og samtidig søge at påvirke resten af homomiljøet, så der ikke opstod problemer for flertallet i Folketinget på et senere tidspunkt. Landsforeningen måtte konsekvent fremstå som en troværdig samarbejdspartner, som havde medlemmernes opbakning i ryggen.

Her kan man nævne hiv/aids som et godt eksempel i forhold til afgørende beslutningstagere på sundhedsområdet, hvor foreningen havde en meget stor rolle i gennemførelsen af den liberale politik med frivillighed i forhold til både smittede og potentielt smittede (det vil især sige bøsser), som det blev tilfældet.

Også i forhold til det registrerede partnerskab var vi i stand til at overbevise store dele af Folketinget - og også befolkningen om - at man sikrede varetagelse af "berettigede" interesser ved blot at kræve ligestilling.

På den måde kom Landsforeningen i en stærk position. En regering må selvfølgelig tage hensyn til "berettigede" interesser i samfundet og ikke "diskriminere" bestemte befolkningsgrupper. Hvis regeringen opfører sig anderledes, vil der altid være en opposition i Folketinget med beskyldninger om ensidig, uretfærdig og forkert politik. Det udnyttede Landsforeningen selvfølgelig.

Det var vigtigt for Landsforeningen at forsøge at påvirke den administrative og politiske beslutningsproces så tidligt som muligt. Vi ville gerne kontaktes så tidligt som muligt og tog selv kontakt til relevante personer og myndigheder tidligst muligt i processen - og hvis det handlede om forberedende udvalgsarbejde, så deltage i det. I alle relevante situationer, hvor der blev forelagt lovforslag, forsøgte vi at blive hørt, inden der blev truffet beslutninger. Det skete mange gange, både i forbindelse med etablering af hiv/aids-politikken og i forbindelse med vedtagelsen af registreret partnerskab i 1989.

Landsforeningen gjorde meget ud af at have uformelle kontakter til afgørende politikere og politiske partier for at kunne udøve indflydelse. Her var det selvfølgelig en fordel, hvis nogle af politikerne var homoseksuelle og måske endog medlem af foreningen.

Folketingsmedlemmer stillede på vores opfordring spørgsmål til ministeren, eller foreningen overtalte et parti til at foreslå et forslag i Folketinget, som det fx var tilfældet i forbindelse med registreret partnerskab. I andre tilfælde bad vi om et møde med ministeren for at forelægge konkrete forslag eller drøfte særlige sager, ligesom foreningen i mange tilfælde fik foretræde for relevante folketingsudvalg.

Traditionelt har det været Det radikale Venstre, Socialdemokratiet, SF og VS (siden Enhedslisten), der har været venligt stemt over for Landsforeningens synspunkter. Men vi forsøgte at holde gode kontakter med så mange partier som muligt, og ser vi på enkeltsager, er billedet da også mere broget.

Med- og modspil med medierne

På den korte bane er det et spørgsmål, hvor meget medierne har kunnet anvendes til at påvirke befolkningens holdning i enkeltspørgsmål af interesse for Landsforeningen. Men det har haft betydning, at beslutningstagere ofte har ment, at massemedierne rent faktisk kunne påvirke opinionen. I Danmark handler det ofte om enkeltsagsdemokrati, hvor beslutningstagere træffer beslutninger i forhold til omtalen af den konkrete sag.

Det kan måske antages, at medierne stort set afspejler befolkningens holdning, og at medierne så på den anden side bekræfter opinionen i denne holdning. I det mindste over tid. Det medfører, at mindretalssynspunkter ikke fremkommer af sig selv i medierne, men skal promoveres - i dette tilfælde af Landsforeningen. Derfor følte vi det nødvendigt at have en bevidst presse- og mediestrategi for at kunne fremme vores egne synspunkter og få positiv mediedækning.

Vi forsøgte at opbygge nære relationer til journalister og redaktører, som var enige med foreningen, som vi havde tillid til og kunne opnå et fortroligt forhold til. Vi lagde vægt på at underbygge vores troværdighed i alle kontakter med medierne og forsøgte at sikre, at foreningens pressemeddelelser var klare og utvetydige og ikke kunne misforstås og ikke kunne udsende forskellige signaler i forhold til emnet. Det var altid foreningens ledelse, der stod for denne kommunikation, i den hensigt at sikre konsistens i informationen.

Både i relation til politikere, embedsmænd og pressen lagde vi vægt på altid at være saglige og redelige og ikke overspille argumentationen.

Vigtige politiske sejre

Landsforeningen spillede en vigtig rolle i arbejdet for at få indført det registrerede partnerskab og en hiv/aids-politik, der sammenlignet med mange andre lande, var liberal.

Her i landet behøver en regering ikke at have flertal - bare den ikke har flertal imod sig. Fx i form af et egentligt mistillidsvotum. Det var tilfældet op gennem 1980'erne for den borgerlige regering med Schlüter som statsminister. Her indførte man næsten en ny parlamentarisk "institution", hvor man i højere grad end hidtil set accepterede flertal imod sig i enkeltsager, uden at gøre det til et "kabinetsspørgsmål", altså et krav om et tillids-/mistillidsvotum.

Den holdning kom i høj grad Landsforeningen til gode i de to allervæsentligste problemstillinger for foreningen i 1980'erne. På den ene side spørgsmålet om registreret partnerskab, som blev afgjort i 1989. På den anden side den nye sygdom hiv/aids, som vi lærte at kende i begyndelsen af 80'erne. Hiv/aids kom måske til at påvirke Landsforeningens aktiviteter mere, end arbejdet med registreret partnerskab gjorde i samme periode. Og hvor det ene skabte stor glæde, skabte det andet kun overvældende bedrøvelse og sorg. Så meget desto mere kløede vi på for at skabe en i vores øjne acceptabel hiv/aids-politik, som dels varetog de smittedes interesser, dels medvirkede til ikke at hænge hele bøssegruppen ud som farlige smittespredere.

Men det politiske og mediemæssige arbejde med registreret partnerskab og hiv/aids havde selvfølgelig lighedspunkter, og i perioder løb de parallelt, blot med forskellige eksterne aktører på især den politiske og embedsmæssige/"professionelle" side.

I forbindelse med det registrerede partnerskab havde vi i årevis samarbejdet med politikere og embedsmænd, som vi efterhånden kendte godt.

Med hiv/aids startede det hele for så vidt forfra med at finde samarbejdspartnere. Ikke så meget på den politiske side, for de blev langt af vejen de samme som i forhold til registreret partnerskab. Men nu måtte vi bevæge os ind i sundhedssystemet, finde de rigtige beslutningstagere. For at sige det rent ud og kort: det var ikke vanskeligt på embedsmandsplan, kun på regeringsplan voldte det til en begyndelse vanskeligheder. Det omtales mere uddybende i afsnittet om hiv/aids.

Allerede tidligt - måske endog før, de alvorlige realiteter stod virkeligt klare for os - blev vi kontaktet af en betydningsfuld professor og overlæge Peter Ebbesen fra Århus Kræftforskningsinstitut, som gerne ville tage blodprøver af de bøsser, som frivilligt indlod sig på det. Det sagde foreningens ledelse tøvende ja til, fordi vi ikke bare kunne lade stå til med de oplysninger, vi blev forelagt, om at smitten især ramte amerikanske bøsser, selvom vores viden på det tidspunkt var uhyre begrænset.

Men da problemets alvor kort tid efter *virkelig* gik op for os, mobiliserede vi lynhurtigt og meget kraftigt internt i foreningen og gik i gang med det sædvanlige lobbyarbejde og arbejdet med at skaffe kontakter hos relevante embedsmænd og i det praktiske sundhedssystem. Det lykkedes at få fat i de virkelig tunge beslutningstagere både i Sundhedsstyrelsen og Statens Seruminstitut og de relevante beslut-tende overlæger og professorer på hospitalerne og universiteterne. Og vi fik et godt samarbejde. Faktisk mødte vi endog meget stor velvilje fra et system, som koncentrerede sig om at forebygge og helbrede frem for at lægge vægt på den enkeltes livsform. Men ud over det, opfattede vi også, at velviljen kom af personlig overbevisning næsten hele vejen rundt.

Tre afgørende personer her i begyndelsesfasen skal fremhæves allerede nu: Overlæge Michael von Magnus i Sundhedsstyrelsen, som sad med ansvaret for smitsomme sygdomme, professor og overlæge på Rigshospitalets epidemiske afdeling, Viggo Faber, og overlæge på Statens Seruminstitut, Henrik Zoffmann med ansvar for epidemiske sygdomme. De var ildsjæle. Og først og fremmest vidste de, at det var vigtigt at inddrage målgruppen. Og det blev vi. Med stor arbejdsbyrde for alle parter. Men også med gensidig tillid og respekt. Som i øvrigt voksede, jo mere vi lærte hinanden at kende. Senere kom flere til, fx overlæge Jens Ole Nielsen, som på det tidspunkt var på Rigshospitalet.

Både i forhold til registreret partnerskab og hiv/aids havde den siddende, borgerlige regering et flertal imod sig i Folketinget - godt hjulpet på vej af Landsforeningen. Den daværende regerings accept af at blive stemt ned på visse enkeltpunkter uden at gøre det til kabinetsspørgsmål, øgede naturligvis manøvremulighederne for, at oppositionspartierne og Landsforeningen kunne få for os vigtige beslutninger gennemført.

Derfor var det muligt at få nedsat Homokommissionen og i sidste ende få vedtaget registreret partnerskab. Og derfor var det muligt at gå imod meget restriktive forslag fra det daværende Fremskridtsparti om fx isolering af hiv-smittede - og endda at opnå en politik, som indebar frivillighed i forbindelse med at lade sig teste og undersøge. Mere herom under afsnittet om hiv/aids.

I det politiske arbejde var strategien:

- at acceptere de parlamentariske spilleregler
- at samarbejde med relevante folketingsmedlemmer
- at have en bevidst pressestrategi, som forsynede medierne med klare og entydige standpunkter, som medførte mediernes opbakning
- at have stærk opbakning fra ikke alene Landsforeningen, men også fra det øvrige homomiljø
- at argumentere konsekvent for ligestilling.

Homokommissionen – hvor mindretallet vandt

Folketinget pålagde i maj 1984 den daværende borgerlige regering at nedsætte en kommissionen til at belyse forholdene for bøsser og lesbiske i Danmark. Det blev en af de første gange, hvor vi fra Landsforeningen for alvor fik vores gang på Christiansborgs gange og oplevede det politiske liv indefra – og forud for nedsættelsen var også gået et lille politisk spil med foreningen som igangsætter.

Landsforeningen har beskæftiget sig med lovgivning i hele sin levetid, men for alvor først fra midt i 1960'erne. Den daværende formand, Per Kleis Bønnelycke var meget aktiv i Det Radikale Venstre, som havde stor indflydelse i Folketinget, og det gav også stor indflydelse på vores emner. Som et konkret eksempel blev den seksuelle lavalder for homoseksuelle forhold i 1976 sat ned fra 18 år til 15, så den var ens for homo- og heteroseksuelle forhold.

Men generelt var det ret kompliceret at overskue, hvordan ligestilling i lovgivningen mellem homo- og heteroseksuelle skulle gribes an. Og derfor opstod tanken om at lave et udredningsarbejde, som kan ses som den første spire til den senere Homokommission.

Vi var enige om, at Landsforeningen ikke selv var i stand til at stå for dette udredningsarbejde - vi havde ikke eksperter nok.

Startskud i Herning

Engang sidst i 1970'erne deltog Henning Sandau som formand i Landsforeningen i et møde på "Fristedet" i Herning, hvor repræsentanter fra de fire partier i Folketinget, vi samarbejdede meget med (Socialdemokratiet, de Radikale, SF og VS), deltog. Dertil var også Inge Krogh fra Kristeligt Folkeparti [i dag Kristendemokraterne] med i panelet. Inge Krogh var nok i mindretal denne dag, men ikke sådan at slå ud, så diskussionen mellem hende og "vores venner" blev heftig. Og som debatten udviklede sig, kom repræsentanterne fra vores "venne-partier" alle ind på, at man burde lave et udredningsarbejde for at få gennemført ligestilling.

Henning Sandau spurgte derfor alle de tilstedeværende politikere, om de ville være med til at nedsætte en kommission til at forestå udredningsarbejdet. Det ville vores venner – og de repræsenterede et flertal i Folketinget.

Det budskab var vi selvfølgelig meget glade for, og nu gik vi i gang med at forpligte politikerne til virkelig at nedsætte kommissionen. Det arbejde foregik i et forholdsvis fast forum med morgenmøder på Christiansborg mellem Landsforeningen og politikerne fra de venligtsindede partier. Spørgsmålet var jo: Hvad skal kommissoriet være, altså hvad skal kommissionen beskæftige sig med?

Vi endte med at få et meget bredt kommissorium igennem, så da "Kommissionen til belysning af homoseksuelles situation i samfundet" kom i gang i november 1984 (Folketinget vedtog kommissionen i maj, men justitsminister Erik Ninn-Hansen havde ikke travlt) kunne den beskæftige sig med ting, som det offentlige hidtil ikke havde beskæftiget sig med. Kommissoriet blev nemlig som følger:

"Idet det anerkendes, at homoseksuelle bør have mulighed for at leve i overensstemmelse med deres identitet og indrette sig herefter i samfundet, og idet det erkendes, at mulighederne herfor ikke er til stede i tilstrækkeligt omfang, skal kommissionen sammenstille og fremlægge tilgængelig videnskabelig dokumentation om homoseksualitet og homoseksuelles livsform samt foranstalte undersøgelser, der belyser homoseksuelles juridiske, sociale og kulturelle situation.

I forlængelse heraf skal kommissionen fremkomme med forslag til foranstaltninger, der sigter mod at fjerne eksisterende diskrimination inden for alle sektorer i samfundet, og som i øvrigt forbedrer de homoseksuelles situation, herunder forslag til bestemmelse for faste samlivsforhold".

Taktisk sammensætning

Forhenværende folketingsmedlem for SF, Poul Dam, blev formand. Næstformand og ekspert i ægteskabsret blev landsdommer Svend Danielsen. Dertil kom repræsentanter fra Socialministeriet, Justitsministeriet, Arbejdsministeriet, Undervisningsministeriet og Kulturministeriet. De radikale fik (indirekte) to medlemmer med – ikke som partiets repræsentanter, men personligt udpegede af regeringen - Per Kleis Bønnelycke (tidligere formand for Landsforeningen) og Helle Jarlmose (tidligere næstformand for Landsforeningen og på det aktuelle tidspunkt formand for Dansk Kvindesamfund), begge medlemmer af det Radikale Venstre. Endelig blev overlæge, dr.med. Preben Hertoft medlem. Landsforeningen udpegede cand.jur. Mikkel Emborg og landsformand Henning Sandau som medlemmer.

Trods det brede kommissorium lykkedes det nu ikke reelt at få kommissionen til at beskæftige sig meget med de brede emner. Det skyldtes, at ministeren - som jo var imod kommissionens nedsættelse i det hele taget - vidste, hvordan man vanskeliggør og forsinker en kommissions arbejde. Som formand skulle man udpege en kendt person, som man formodede ikke arbejdede effektivt, og som ville være loyal over for ministeren – det vil sige ikke ville iværksætte foranstaltninger uden ministerens forudgående godkendelse.

På samme tid sikrede han et fast flertal for sine egne holdninger ved at indsætte et flertal af embedsmænd, som var bundet af deres embedspligt til at være loyal over for ledelsen af deres ministerium, dvs. regeringens holdning.

Justitsministeriet vidste godt, hvad de gjorde, da kommissionen blev nedsat, og der blev skabt en fast skillelinje mellem et flertal bestående af formandskabet og de ministerielle embedsfolk på den ene side og de landsforenings-venlige repræsentanter på den anden side. Når der var uenighed i kommissionen, og der skulle stemmes, var der altid en mindretalsgruppe på 5 (de to fra Landsforeningen, de 2 radikale og Preben Hertoft) og et flertal på 6.

Men det viste sig slet ikke at handle om, hvad selve kommissionen kunne eller ikke kunne blive enige om. Det var kommissionens mindretal, der var bedst i tråd med den generelle stemning i befolkningen – og ikke mindst med flertallet uden om regeringen i Folketinget.

Så de fleste af mindretallets – altså Landsforeningens - holdninger blev i sidste ende dem, som blev vedtaget af Folketinget, fordi der her var et flertal bestående af de partier, som foreningen nu i årevis havde samarbejdet med - et flertal imod den daværende regering.

Det så man tydeligst i det store emne i kommission, som var for/imod registreret partnerskab. Her var kommissionens flertal indædt imod – men det blev jo indført i 1989 og fortjener sit eget afsnit.

Andre resultater

Homokommissionens anbefalinger medførte nogle lovændringer, som faktisk skabte mere ligestilling mellem homo- og heteroseksuelle, nemlig omkring arveafgift og antidiskrimination.

Begge love byggede på delbetænkninger fra kommissionen, hvor flertallets pludselige villighed til at ændre loven på disse to punkter - som vi havde arbejdet forgæves for i årevis - undrede os, ja, gjorde os lidt mistænksomme. Vores mistanke blev bekræftet i slutfasen af kommissionsarbejdet, hvor flertallet nu hævdede, at med ændringerne i to love var der ikke behov for at indføre registreret partnerskab!

Jo, det var der som det fremgå senere i bogen. Lad os bare nævne ligestilling på arbejdsmarkedet og udlændingelovgivningen som eksempler.

Fakta om Homokommissionen

Kommissionen mødtes i alt 26 gange og holdt et antal møder i underudvalg.

Alt i alt lykkedes det at få mange emner belyst, som ikke tidlige var belyst. Homokommissionen stod bag tre udgivelser, som belyste forholdene for lesbiske og bøsser i det danske samfund:

- Kommissionens redegørelse "Lyst eller nød? – Kvinders og mænds homoseksualitet", september 1986 – udarbejdet af Karin Cohr Lützen og Henning Bech (de to forfattere var foreslået af Landsforeningen)
- Bogen "At prøve lykken. 25 lesbiske livshistorier" af Karin Cohr Lützen, Tiderne Skifter 1988
- Bogen "Mellem mænd. 20 livshistorier om lyst til andre mænd" af Henning Bech, Tiderne Skifter 1989

De er stadig værd at læse – som en vigtig del af vores historie.

Manglende opmærksomhed

Sideløbende med kommissionens arbejde havde vi set frem til en offentlig debat om bøsser og lesbiske og om deres livsvilkår, og kommissionen burde medvirke til at fremme en sådan debat. Dette skete dog kun gennem udsendelse af delbetænkninger og udgivelse af videnskabelige rapporter om bøssers og lesbiskes livsvilkår. Sådan noget skaber kun debat i meget begrænsede kredse, så den ønskede, offentlige debat udeblev stort set. Ærgerligt, når vi nu ellers havde et godt udgangspunkt.

Vi gjorde, hvad vi kunne for at orientere på generalforsamlinger og medlemsmøder - og i PAN-Bladet. Men kommissionsarbejdet kom ikke bredt ud i foreningen.

En væsentlig del af Landsforeningens medlemmer havde ikke meldt sig ind af politiske årsager. De meldte sig ind af sociale grunde, fordi de ville finde en partner, og medlemskabet var et "balkort", der gav billigere adgang til PAN-klubberne. Derfor var mange af foreningens "gamle" medlemmer nok ikke så interesserede i (homo)politisk arbejde – og mange af de nye medlemmer af foreningen var meget unge og forholdt sig ikke meget til de emner, kommissionen beskæftigede sig med.

Dertil medførte spændingen mellem bøsser og lesbiske i foreningen, at de lesbiske interesserede sig mindre for det – især da kommissionen besluttede sig til ikke at ville beskæftige sig med børn. Det fik mange lesbiske til at stå fuldstændig af. Ganske forståeligt i dag, men dengang var det et bevidst valg, da vi var bange for, at det ville skabe politisk modstand at nævne noget med "homoseksuelle og børn".

Dertil var en del medlemmer utilfredse med, at Landsforeningen besatte sine to pladser i kommissionen med to bøsser... Det var der en del palaver om i hovedbestyrelsen. Og set i bakspejlet var det også jo en fejl, men den eneste af de lesbiske i hovedbestyrelsen, der havde en juridisk baggrund, var ikke interesseret. Dertil var Mikkel Emborg var jurist – eller ved at blive det – hvilket var relevant for det meget tunge lovstof, der skulle behandles i kommissionen. Men det var der stor utilfredshed med.

Vi var også meget forsigtige med, hvordan vi udtalte os om parforhold. Vi sørgede for, at det ikke kom til at ligne et ægteskab, når vi udtalte os om det. For så ville der med garanti have rejst sig en kraftig modstand imod det – både i og uden for homomiljøet.

Flere fronter

Arbejdet i Homokommissionen skete parallelt med, at Landsforeningen blev kraftigt involveret i arbejdet med at forebygge hiv/aids.

Det var ressourcekrævende opgaver, der belastede især foreningens ledelse i disse år.

Men med deltagelsen i Homokommissionen fik Landsforeningen virkelig brug for sine erfaringer og evner som en lobby-organisation, der gennem samarbejde og holdningsbearbejdelse påvirker politikere og andre beslutningstagere i den rigtige retning.

Der indføres ligestilling på arveområdet i 1986

Arveafgiften har gennem hele Landsforeningens eksistens og indtil lovændringen i 1986 været et alvorligt problem, som foreningen løbende arbejdede med. I 1986 vendte bøtten så i Homokommissionen

I en særlig betænkning foreslog kommissionen nemlig en ændring af arveafgiftsloven, så en samlever af samme køn i visse tilfælde blev stillet bedre end hidtil i forhold til betaling af arveafgift.

Hidtil var bøsser og lesbiske omfattet af en stærkt progressiv arveafgiftsskala, hvorfor det ofte var ganske betydelige beløb, den efterlevende i et bøsse-/lesbisk forhold skulle udrede i afgift til det offentlige.

Homokommissionen anså derfor arveafgiftsområdet som et af de enkeltområder, hvor behovet for en lettelse af situationen for bøsser og lesbiske var mest påtrængende.

Der var ikke enighed i kommissionen, men faktisk blev det mest "vidtgående" forslag ført videre, så Folketinget den 4. juni 1986 vedtog en lov om ændring af lov om afgift af arv og gave, hvorved homoseksuelle forhold blev ligestillet med heteroseksuelle forhold.

En stor sejr for Landsforeningen efter mangeårig kamp. Dette arbejde gik hånd i hånd med arbejdet med det registrerede partnerskab.

Landsforeningens arbejde for det registrerede partnerskab

Foreningens største enkeltsejr kom i 1989, da Danmark indførte et registreret partnerskab for to personer af samme køn. Det gav genlyd i hele verden og blev et vendepunkt i den forstand, at det herefter blev den almindelige holdning, at bøsser og lesbiske skulle have samme juridiske rettigheder som heteroseksuelle.

Ønsket om en form for partnerskab, som juridisk kunne sikre par af samme køn på lige fod med ægteskabet, havde eksisteret længe i Landsforeningen.

Og et generelt opbrud i samfundets normer trak i den rigtige retning. P-pillen med dens seksuelle frisættelse og kvindernes indtog på arbejdsmarkedet spillede en stor rolle, og de unges længere uddannelse medførte, at man udskød forældrerollen og ægteskab.

Både antallet skilsmisser og antallet af enlige mødre (og fædre) steg. Og især blandt unge var der opstået en lyst til at afprøve andre samlivsformer end den traditionelle kernefamilie (kollektiver osv.).

Dog blev – og bliver vist - kernefamilien fortsat set som den vigtigste sociale enhed.

Nogle bøsser og lesbiske indgik ikke-anerkendte ægteskaber, og Danmarks Radios TV viste i 1973 pastor Harald Søbye vie par af samme køn – lige som der i tabloidaviser og ugeblade jævnligt gennem 1970'erne og 1980'erne var billeder fra denne type vielser, der altså ikke havde nogen juridisk gyldighed.

Disse historier skabte en vis synlighed og også lidt furore, når det foregik i medierne mellem semikendte.

Det var en debat på flere planer: I 1960'erne og 1970'erne var der mange i Landsforeningen - måske især lesbiske - som så institutionen ægteskabet som en væsentlig del af hele problemet omkring forældede og undertrykkende kønsroller i samfundet. Denne holdning var udbredt i kvindebevægelsen, der gerne så ægteskabet afskaffet i det hele taget for på dén måde at skabe ligestilling.

Over for dette stod en mere pragmatisk holdning: når samfundet giver et ægteskab for to borgere af forskelligt køn sikkerhed og rettigheder, så skal de også gælde for par af samme køn – uafhængigt af, hvad man måtte mene generelt om ægteskabet som institution.

Loven nåede at eksistere i 23 år, idet den blev ophævet i 2012 i forbindelse med indførelsen af ægteskab for par af samme køn.

Konkret forslag

Omkring 1980 gik Landsforeningen i gang med det konkrete arbejde med at udarbejde et forslag, som vi ville sende til Folketinget.

Det handlede om at opnå ligestilling med ægtepar om arveafgift, børn, beskatning, forsørgelse, samlivsophør, formueforhold og testamente - og i det hele taget få de rettigheder, som ægteskabet indebar.

Som nævnt var holdningen til køn og samlivsformer i udvikling, og arbejdet med partnerskab kom i forlængelse af andre lovgivningsmæssige landvindinger for bøsser og lesbiske. Fx var den seksuelle lavalder blevet ligestillet til 15 år i 1976 og også på prostitutionsområdet var hetero- og homoseksuelle blevet ligestillet.

I løbet af 1970'erne overgik kampen på det juridiske plan fra det strafferetlige til det civilretlige, hvor vi satte kræfterne ind på retten til at skabe vores eget liv på egne betingelser.

Baggrund: Ægteskabslovningen

Ægteskabsloven og en lang række andre love bestemte indholdet af et ægteskab. Så længe parret holdt sammen, havde ægteskabsloven kun få retsvirkninger.

Hovedprincippet var, at parterne blev betragtet som individuelle personer, som hver især rådede over ejendom og indkomst, og ingen af parterne var juridisk ansvarlig for forpligtelser, som den anden havde indgået. Imidlertid var der gensidig forsørgelsespligt, uanset hvilken af parterne, der havde hovedindkomsten.

Ud over i ægteskabsloven havde ægteskabet retsvirkninger i sociallovgivningen, boliglovgivningen, arvelovgivningen og i forbindelse med administration af fast ejendom.

SF havde i 1968 fremsat et forslag til revision af ægteskabsloven for at skabe muligheder for lovlig regulering af de nye samlivsformer, herunder partnerskaber mellem bøsser eller lesbiske. Dette forslag var blevet afvist af Folketinget, men der blev nedsat et udvalg til at gennemgå forholdene og evt. fremsætte forslag til ændringer af ægteskabslovgivningen.

Dette "Ægteskabsudvalget af 1969" ville i 1973 til stor fortrydelse for Landsforeningen ikke anerkende tanken om ægteskab for bøsser og lesbiske. Argumentet var, at det ville betyde et brud med det traditionelle syn på ægteskabet og måske ville kunne påvirke udlandets syn på det danske ægteskab.

Men man gav dog udtryk for ville se på, om der var behov for specifikke ændringer.

Det gjorde man først 7 år senere i 1980 i rapporten "Samliv uden ægteskab", hvor udvalget gav udtryk for, at man ikke ønskede at skabe en legal ramme for samlevende uden for ægteskabet, eller med voldsomme ændringer i forhold til ægteskabslovgivningen, fordi det ville skabe et "ægteskab af 2. klasse".

Den interne debat i foreningen

I disse 7 år havde holdningerne både i Landsforeningen og i hele homomiljøet - og også de generelle holdninger især blandt unge - som nævnt ændret sig i retning væk fra det traditionelle ægteskab.

Siden slutningen af 1960'erne var der i Landsforeningen nedsat studiegrupper og afholdt seminarer, og udadtil blev der gjort forsøg på med forskellige midler at skaffe sig indflydelse på ægteskabsudvalgets arbejde. Spørgsmålet om samlivsproblemerne blev en permanent del af Landsforeningens interne og eksterne aktiviteter.

Omkring 1970 vedtog Landsforeningen tre hovedpunkter, som skulle danne basis for drøftelser med ministre, andre politikere og embedsmænd:

1. Ligestilling med heteroseksuelle (dvs. ægteskab eller afskaffelse af ægteskabet)
2. En legal ramme om samliv mellem homoseksuelle, som gav de samme rettigheder, som heteroseksuelle havde
3. Visse retsvirkninger af ægteskabet kunne overføres til samliv mellem bøsser eller lesbiske.

Det tredje punkt var med af ideologiske årsager. For at undgå den gensidige forsørgerpligt, som man havde i ægteskabet, og for at sikre partnernes individuelle uafhængighed, ville man netop ikke kræve alle ægteskabets rettigheder overført til homoseksuelle forhold.

På den anden side kunne det opfattes som et lidt tilfældigt udvalg af ønsker.

Men disse tre hovedpunkter blev udgangspunktet for principperne i foreningens samlivspolitik indtil 1981, hvor det første gennemarbejdede og udførlige forslag til registreret partnerskab blev vedtaget af foreningen (og fremsat over for myndighederne i 1982).

Forslag til registreret partnerskab

Landsforeningen endte med at udarbejde to lidt forskellige forslag. Det første blev fremsat i 1982, og det endelige i 1984 – det medvirkede til at udløse Homokommissionen.

Forslagene blev udarbejdet af et partnerskabsudvalg nedsat af Landsforeningens hovedbestyrelse, og de lagde sig op ad, at ægteskabsudvalget i 1980 havde bekendtgjort, at man ikke ønskede at foreslå en samlet, legal ramme for homoseksuelle samlivsforhold, men kun at ville fremsætte forslag til ændringer i enkelte love.

Udvalget lagde sig derfor hurtigt fast på, at Landsforeningens forslag til partnerskab skulle ligne lovgivningen om ægteskab - paragraf for paragraf. Men med væsentlige undtagelser i noget af indholdet! Parterne skulle ikke tvinges til at være juridisk afhængige af hinanden, og således indeholdt forslaget ikke gensidig forsørgerpligt, ligesom beskatningen også skulle være individuel.

Efter politiske kontakter i løbet af 1982 blev der foretaget enkelte ændringer, og det nye og endelige forslag blev fremsat i 1984. Forslaget blev trykt og udgivet af Forlaget Pan og distribueret ikke bare til foreningens medlemmer, men bredt i miljøet og selvfølgelig også til folketingspolitikerne og medierne. Forslaget blev vel modtaget i Landsforeningen og i homomiljøet.

Forslagets partnerskab adskilte sig som nævnt på nogle punkter fra ægteskabet, fx omkring gensidig forsørgelsespligt. Men vi vidste godt, at når/hvis det kom til realitetsforhandlinger, måtte vi acceptere at gå på kompromis på mange punkter.

Grundideen var (til forskel fra ægteskabslovgivningen), at parterne i partnerskabet skulle betragtes som to juridisk selvstændige personer. Forslaget byggede derfor på principperne om, at hver part rådede over sin egen formue (juridisk: særråden) og også over egen gæld (juridisk: særhæften). Der var ingen gensidig forsørgelsespligt, hverken over for private eller offentlige forpligtelser, ligesom der automatisk var særeje. Særejet blev dog skiftet til fælleseje i tilfælde af den ene partners død. Forslaget rummede mulighed for umiddelbar opløsning af partnerskabet (dvs. uden om myndighedernes mægling eller anden indblanding), hvis partnerne var enige om det. Der var også adgang til, at den ene part kunne få partnerskabet opløst efter tre måneder.

Vi mente, at forslaget var langt mindre omfattende end ægteskabslovgivningen, og at det derfor ikke kunne opfattes som "ægteskab af 2. klasse".

Netop på den baggrund kunne forslaget med stærk opbakning fra Landsforeningen og også større kredse fra homomiljøet uden for foreningen blive emne for en seriøs diskussion med de politiske beslutningstagere.

Et spadestik dybere

Partnerskabsudvalget havde afdækket, at ægteskabet havde retsvirkninger på mere end 100 forskellige love. Det medførte et ønske om at få gennemført et grundigt forarbejde i en offentlig kommission bestående af eksperter i ægteskabs/-samlivslovgivning for at regulere de mange mulige lovgivningsmæssige og økonomiske problemer, som kunne opstå i bøsse/lesbiske samlivsforhold.

Men der skulle gå to år med pressearbejde, lobbyvirksomhed, offentlig debat og offentlige møder, før vi lykkedes med at overbevise et folketingsflertal om at nedsætte Homokommissionen.

Det videre arbejde med registreret partnerskab skete i og uden for denne Homokommission med en pudsig "omvendt logik". Kommissionen var sammensat, så dens flertal repræsenterede regeringens holdning mod registreret partnerskab – men regeringen var en mindretalsregering, og Folketingets flertal var positiv over for at ændre i lovene.

Den korte version af denne historie er, at Homokommissionens resultater på papiret var imod registreret partnerskab, men i praksis var debatterne frem mod disse resultater med til at gøde jorden for de vedtagelser, der skete i Folketinget.

De farlige forkortelser

Gennem årene havde sproget i bøssers og biseksuelle mænds kontaktannoncer udviklet en række mere eller mindre gennemskuelige forkortelser, som blandt andet udtrykte hvilke typer sex, man gik efter.

Så da de ministerielle embedsmænd på Christiansborg gik i gang med at skrive lovtekster, cirkulærer og så videre, måtte Landsforeningen diskret gøre opmærksom på, at det (om end fristende) ville være en dårlig idé at forkorte "registreret partnerskab" med RP. I kontaktannoncerne stod det nemlig for "analt samleje" [altså "røvpul", hvis det skal skæres i pap].

Problemerne

Vi vidste godt, at vi stod over for nogle store udfordringer, dels ville kirkens højrefløj skumle, dels i forhold til børn, fordi der var indlejret mange fordomme i store befolkningsgrupper om forholdet mellem børn og homoseksuelle.

Så gennem alle de år, hvor Landsforeningen arbejdede med retslige forslag til partnerskab, blev der udført et meget stort lobbyarbejde med relevante folketingspolitikere fra relevante partier.

Det var dengang let at se, at Konservative, Venstre og Fremskridtspartiet (hvor K og V dannede mindretalsregering) var imod. Så vi samarbejdede tæt med politikere fra oppositionen (som jo udgjorde flertallet i Folketinget: Socialdemokratiet, De Radikale, SF og VS).

Vejen til vedtagelse i Folketinget

Selv om Homokommissionens flertal var imod et registreret partnerskab, vidste alle jo, at mindretallets holdninger havde opbakning i Folketinget. Så enden på de mange og lange forhandlinger og debatter blev et udkast til en lov om registreret partnerskab, som kommissionen vedhæftede en masse mindretals- og flertalsbemærkninger.

Kommissionens lov-skitse indebar, at samtlige ægteskabets retsvirkninger blev overført til det registrerede partnerskab, bortset fra de undtagelser, der udtrykkeligt måtte blive opregnet i den endelige lov.

Kommissionen kunne/ville ikke angive, hvilke undtagelser der i sidste ende burde gøres gældende. Det var op til Folketinget at afgøre, fx spørgsmålet om retten til adoption.

Lovskitsen indebar:

- Som det er tilfældet med ægteskabet, kunne man ikke lade sig registrere, før man var fyldt 18 år.
- Registreringen kunne kun foregå som borgerlig vielse af de kommunale myndigheder, hvor begge parter skulle møde op og tilkendegive deres hensigt. Der var altså ikke mulighed for kirkelig vielse
- Registrering af danskere bosiddende i udlandet skulle ske i Danmark. Og mindst én af parterne skulle have bopæl i Danmark.
- Parterne havde gensidig forsørgelsespligt
- Ægteskabets formueordning fandt anvendelse

- Parterne havde legal arveret efter hinanden
- Reglerne om ægtefællebeskatning og om sociale ydelser til ægtefæller fandt anvendelse
- Ægteskabslovens regler om separation og skilsmisse gjaldt også for opløsning af registreret partnerskab, mægling finder sted på statsamtet, og opløsning sker ved danske domstole
- Registreret partnerskab skaber ligestilling med ægteskabet i arveafgiftsloven.

Regeringen var som nævnt imod at indføre et registreret partnerskab for personer af samme køn, men den 21. januar 1988 fremsatte Socialdemokratiet (Torben Lund, Pia Gjellerup og Ole Espersen), SF (Ebba Strange, Leif Hermann og Ingerlise Koefoed) og Det Radikale Venstre (Aase Olesen, Bernhard Baunsgaard og Kirsten Lee) et lovforslag, der nåede at blive førstebehandlet i Folketinget den 16. marts, inden der blev udskrevet folketingsvalg, og alle verserende lovforslag derfor bortfaldt.

Efter valget kom regeringen til at bestå af Konservative, Venstre og Det Radikale Venstre, og én af de priser, de radikale måtte betale for ministertaburetterne var, at de ikke længere kunne stå som medforslagsstillere til et partnerskabslovforslag.

Derfor fremsatte Socialdemokratiet (Torben Lund, Pia Gjellerup, Dorte Bennedsen og Ole Espersen) og SF (Ebba Strange, Leif Hermann, Carsten Andersen og Ingerlise Koefoed) den 22. november 1988 præcis det samme lovforslag, som var fremsat før valget. Allerede under førstebehandlingen af lovforslaget gjorde den radikale Kirsten Lee opmærksom på, at *"Det Radikale Venstre har tidligere stået som medforslagsstiller til dette forslag, vi nu behandler, og de radikale folketingsmedlemmer har naturligvis ikke ændret holdning."*

Ved lovforslagets tredjebehandling viste det sig ved, at man havde aftalt, at de radikale ministre skulle stemme imod, medens partiets menige folketingsmedlemmer ville stemme for lovforslaget. Ved den endelige afstemning ved tredjebehandlingen stemte fire radikale for, én imod (ironisk nok Aase Olesen, som var minister), medens et menigt folketingsmedlem og fire ministre ikke var til stede. De fire ministre sås nu i salen, men de var formentlig clearet under afstemningen, så fire modstandere heller ikke stemte.

Et intermezzo

Men inden vi nåede frem til vedtagelsen, havde der været en lille krise, idet det kom os for øre, at Fremskridtspartiet var parat til at fremsætte et ændringsforslag, således at kun danske statsborgere skulle kunne indgå registreret partnerskab, og at det så ud til, at et flertal ville acceptere dette. I lovforslaget stod, at den ene eller begge parter skulle have bopæl her i landet. Rygtet om det mulige ændringsforslag gav anledning til et "pinsekrisemøde" mellem foreningens forretningsudvalg og Torben Lund, hvor vi drøftede tre muligheder:

1. Landsforeningen accepterer ændringsforslaget for at sikre gennemførelsen af partnerskabsloven.
2. Landsforeningen accepterer et ændringsforslag gående ud på, at mindst én af partnerne skal være dansk statsborger.
3. Landsforeningen accepterer kun det originale lovforslag (med nogle tekniske ændringsforslag, der var blevet fremsat), og vil i givet fald bede positive folketingsmedlemmer stemme imod lovforslaget.

Landsforeningens ledelse ville helst have det originale lovforslag gennemført, men var villig til at acceptere model 2.

I udvalgsarbejdet i Folketinget fremsatte S og SF et ændringsforslag gående på, at man efter "bopæl" tilføjer "og dansk statsborger" – altså helt i overensstemmelse med vores punkt 2. Ændringsforslaget blev vedtaget og indføjet i lovforslaget ved andenbehandlingen i Folketinget.

Roser til politikerne

Normalt er der ingen taler, når Folketinget tredjebehandler et lovforslag, man går direkte til afstemning, men alle vidste, at dette var en særlig afstemning, så denne gang tog alle ordførerne og en række talere uden for ordførerrækken ordet, bl.a. for at begrunde deres partiers eller egen stemmeafgivning. Særligt Per Stig Møllers (K) tale var interessant, da han forklarede, hvorfor han selv, Connie Hedegaard og Karen Højte Jensen ville undlade at stemme for eller imod ved afstemningen.

Han sagde bl.a. ".... (vi) mener, at det er et meget betænkeligt argument, vort parti har brugt, når det i betænkningen anfører, at en vedtagelse af lovforslaget skulle være med til at underminere flygtningeloven. Man kunne jo argumentere præcis tilsvarende for så vidt angår heteroseksuelles muligheder for at bringe flygtningen hertil."

Lovforslaget blev vedtaget med stemmer fra S, SF, de radikale menige folketingsmedlemmer, 2 fra Venstre (Jens Peter Jensen og Traberg Schmidt), 2 fra Centrumdemokraterne (Peter Duetoft og Addi Andersen) og 8 fra Fremskridtspartiet (herunder Pia Kjærsgaard og Mogens Glistrup), mens 5 undlod at stemme (fra Venstre Bjørn Elmquist og Poul Brøndsted og fra De Konservative Per Stig Møller, Connie Hedegaard og Karen Højte Jensen).

Alt i alt var der 71 stemmer for, 47 imod, 5 hverken for eller imod (og 56 fraværende – clearet på forhånd, så det var 28 fra hver fløj).

Efter afstemningen rejste vi os alle op, tog hinanden i hænderne og bukkede tavst ned mod folketingssalen. Der var mange våde øjne både oppe hos os og nede i salen!

Vi havde fået arrangeret med folketingsbetjentene, at de skulle bære en rød rose fra Landsforeningen ind til hvert enkelt af de 179 folketingsmedlemmer efter afstemningen. Vi ville takke hele parlamentet for den verdenshistoriske beslutning.

Fremmede øjne

Da lovforslagets tredjebehandling fandt sted den 26. maj 1989, havde Landsforeningen fået mange billetter til de reserverede pladser i Folketingets tilhørerloge. Ud over foreningens ledelse og en lang række andre aktivister havde vi også inviteret én af de to daværende generalsekretærer for ILGA (International Gay and Lesbian Association) Lisa Power fra London til at overvære den verdenshistoriske begivenhed. Lisa forstod jo ikke meget af, hvad der foregik, men hun var forbavset over den værdighed, hvormed det hele foregik. På trods af store uenigheder var der ingen der råbte og skreg – i modsætning til, hvad hun kendte fra det britiske parlament!

Og så var der fest…

Samme eftermiddag holdt vi fest i Knabrostræde, og en stor del af de folketingsmedlemmer, der havde stemt loven igennem, kom og festede med. Vi fik bl.a. det viste eksemplar af den vedtagne lov underskrevet af forslagsstillerne Pia Gjellerup, Dorte Bennedsen, Torben Lund, Ole Espersen, Ebba Strange og Leif Herman og af Margrete Auken:

Vedtaget af Folketinget ved 3. behandling den 26. maj 1989

Forslag

til

Lov om registreret partnerskab

§ 1. To personer af samme køn kan lade deres partnerskab registrere.

Registrering

§ 2. Ægteskabslovens kapitel 1 og § 12 og § 13, stk. 1 og stk. 2, 1. pkt., finder tilsvarende anvendelse på registrering af partnerskab, jf. dog stk. 2.

Stk. 2. Registrering af partnerskab kan kun ske, hvis begge parter eller en af dem har bopæl her i landet og dansk statsborgerskab.

Stk. 3. Regler om fremgangsmåden ved registrering af partnerskab, herunder prøvelse af, om betingelserne for registrering er opfyldt, fastsættes af justitsministeren.

Retsvirkninger

§ 3. Registrering af partnerskab har med de i § 4 anførte undtagelser samme retsvirkninger som indgåelse af ægteskab.

Stk. 2. Bestemmelser i dansk lovgivning, som omhandler ægteskab og ægtefæller, skal anvendes tilsvarende på registreret partnerskab og registrerede partnere.

§ 4. Adoptionslovens regler om ægtefæller finder ikke anvendelse på det registrerede partnerskab.

Stk. 2. Myndighedslovens § 13, 3. pkt., og § 15, stk. 3, om ægtepar finder ikke anvendelse på det registrerede partnerskab.

Stk. 3. Bestemmelser i dansk lovgivning, der indeholder særlige regler om den ene part i et ægteskab bestemt ved dennes køn, finder ikke anvendelse på det registrerede partnerskab.

Stk. 4. Bestemmelser i internationale traktater finder ikke anvendelse på det registrerede partnerskab, medmindre medkontrahenterne tilslutter sig dette.

Opløsning

§ 5. Ægteskabslovens kapitel 3, 4 og 5 og retsplejelovens kapitel 42 finder tilsvarende anvendelse på opløsning af et registreret partnerskab, jf. dog stk. 2 og 3.

Stk. 2. Ægteskabslovens § 46 anvendes ikke ved opløsning af et registreret partnerskab.

Stk. 3. Uanset retsplejelovens § 448 c kan registrerede partnerskaber altid opløses her i landet.

Ikrafttrædelsesbestemmelser m.v.

§ 6. Loven træder i kraft den 1. oktober 1989.

§ 7. Loven gælder ikke for Færøerne og Grønland, men kan ved kongelig anordning helt eller delvis sættes i kraft for disse landsdele med de afvigelser, som de særlige færøske og grønlandske forhold tilsiger.

26. maj 1989. Tillykke med loven.

Loven om registreret partnerskab trådte i kraft den 1. oktober 1989, og selv om det var en søndag holdt Københavns Kommune rådhuset åbent for verdens første 11 registreringer af partnerskaber for to personer af samme køn.

Kommunen har måske allerede dengang haft politikere/embedsfolk, der så den brandingværdi, der lå i at have lagt hus til historien om "verdens første homo-ægtepar".

Borgmester Tom Ahlbergs tale til de 11 par gik verdenspressen rundt – der var Tv-hold fra Japan, USA, næsten alle vesteuropæiske lande etc. Det var en stor festdag!

Rechendorff forudså ægteskabslovgivningen

Allerede to uger efter den 1. oktober – altså søndag den 15. oktober bragte Radio Rosa et længere interview med kommunikations- og kirkeminister Torben Rechendorff (K) om registreret partnerskab. Det Konservative Folkeparti havde stemt imod loven om registreret partnerskab, men dét dækkede ikke ministerens personlige holdning. Efter båndoptageren var slukket forudså Torben Rechendorff, at "om 20 år er der et egentligt ægteskab for homoseksuelle".

Kilde: Søren Skov (der lavede interviewet)

Tiden efter 1989

De ideologiske diskussioner i homomiljøet fortsatte også efter vedtagelsen af det registrerede partnerskab i 1989. Og Landsforeningen arbejdede selvfølgelig videre med at lukke de "huller", der fortsat var omkring adoption og kirkelig vielse.

Argumenterne imod homoseksuelle samlivsforhold blev fremført på en grovere og mere homofobisk måde, end de efter al sandsynlighed ville kunne fremføres i dag. De havde dog ikke stor effekt i hverken Landsforeningen eller homomiljøet. Og heller ikke i offentligheden. Som når fx Frederiksborg Amtsavis kunne publicere en artikel om, at bøsser kunne være farlige for børn (den gamle forførelsesteori havde stadig følgere).

Debatten om homoseksuelle samlivsforhold blev nemlig fortrinsvis ført i snævre kredse i både offentligheden og i homomiljøet. De fleste bøsser og lesbiske var kun interesseret i at opnå anerkendelse af samfundet og i at få en legal løsning af de praktiske og økonomiske problemer, som var forbundet med samlivsforhold. Det var disse løsninger, Landsforeningens forslag til registreret parforhold koncentrerede sig om.

Og generelt var danskerne begejstrede for, at Danmark var kommet først.

Den overordnede, ideologiske modstand blev imødegået med argumentet om, at så kunne man jo bare lade være med at indgå i et registreret partnerskab.

Partnerskabsloven blev ændret i 1999, hvor Danmark igen skrev verdenshistorie ved at anerkende to juridiske forældre af samme køn, idet man indførte adgang for registrerede partnere til stedbørnsadoption.

Også denne landvinding må i høj grad tilskrives Landsforeningens indsats – i dette tilfælde navnlig Søren Laursen, som også stod bag ændringen af adoptionsloven i 2010, hvorefter par af samme køn kan adoptere fremmede børn.

Aids-forbindelsen

Det er blevet nævnt flere gange gennem årene, at registreret partnerskab blev gennemført i en stemning af sympati med de mange ofre for aids, altså bøsserne. Tankegangen skulle være, at bøsser ved at blive gift med en fast partner ville ændre seksualvaner og mindske smittespredningen.

Dette aids-argument var dog ikke "aktivt" i større grad blandt de politikere, der reelt forhandlede spørgsmålet.

Lang pause i reformerne

Det var langt fra alle juridiske problemer for par af samme køn, der var løst med partnerskabsloven. Den internationale LGBTI-paraply-organisation, ILGA World, bad i 1990/91 sine medlemmer opliste de områder, hvor der i landene var diskrimination af bøsser og lesbiske.

Landsforeningen leverede en lang liste, som vakte nogen opsigt blandt ILGA Worlds aktivister, for Danmark var jo førende i verden og stod som et Utopia for mange i disse år. Men i de følgende år blev vi langsomt overhalet af andre lande. Mens landene omkring os gennemførte den ene lovgivning efter den anden på området, gik der otte år, før der igen skete noget lovgivningsmæssigt i Danmark, nemlig da der blev indført forbud mod diskrimination på arbejdsmarkedet på grund af seksuel orientering.

Hvorfor denne lange pause? Socialdemokratiet overtog regeringsmagten herhjemme, så man skulle tro, at partiet ville fortsætte det arbejde fra, det var i opposition, men flertallet i Folketinget kunne kun opnås ved at andre partier kom med i regeringen, og hér kom Kristeligt Folkeparti desværre til at spille en central rolle, idet partiet stillede som et ufravigeligt krav for at gå med i regeringen, at der ikke skete yderligere forbedringer for bøsser og lesbiske!

Desuden mente mange politikere – også i de "venligtsindede" partier - at nu havde vi fået partnerskabsloven, og så måtte det være nok!

I udlandet var mange blevet inspireret af den danske lov, og tog fat på noget lignende. På den måde sakkede Danmark langsomt bagud på området gennem en årrække.

Andre lovændringer

Ændringer i antidiskriminationslovgivning

Forbud mod diskrimination på grund af seksuel orientering var del af Homokommissionens arbejde og loven trådte i kraft i 1987.

Straffelovens § 266 b om forskelsbehandling på grund af race mv. blev ændret i 1971 med specifik henvisning til, at Danmark skulle kunne ratificere FN's konvention om afskaffelse af racediskrimination. Loven omfattede altså fortsat ikke forbud mod diskrimination på grund af "seksuel orientering".

Når nu kommissionen var nedsat, og vi var medlemmer, redegjorde Landsforeningen i et notat af 28. oktober 1985 til kommissionen for vores syn på spørgsmålet om udvidelse af § 226 b til også at omfatte "seksuel orientering".

Holdningen til tilføjelse af seksuel orientering til loven

"Det vil

- have en psykologisk effekt i kampen for at fjerne de normer, der virker undertrykkende på menneskers seksualitet
- give en øget psykisk og fysisk tryghed for bøsser og lesbiske til i åbenhed at kunne leve i overensstemmelse med deres identitet
- betyde en juridisk sikkerhed for bøsser og lesbiske mod diskrimination
- skabe grundlag for en seriøs debat og stillingtagen til bl.a. homoseksualitet

- medvirke til en generel holdningsændring i befolkningen til homoseksualitet
- vise, at man i Danmark lever op til Europarådets, Nordisk Råds og EF-parlamentets resolutioner og anbefalinger om at modarbejde diskrimination af bøsser og lesbiske".

Forslaget om ændring af straffelovens § 266 vandt bred genklang i kommissionen. Men altså ikke fuld enighed, idet et par af embedsmændene i kommissionen ikke kunne bakke op. Den præcise årsag er gået tabt – og er ikke beskrevet i kommissionens betænkning.

Kommissionens flertal indstillede derfor til Folketinget, at loven burde ændres.

Der blev fremsat et forslag til ændring af § 266 b i straffeloven og § 1 i lov om forskelsbehandling på grund af race mv. Begge love blev udvidet så der fra da af heller ikke måtte diskrimineres på grund af "seksuel orientering" (ud over på grund af race, tro mv.). Lovene trådte i kraft i 1987.

En gennemgang i Homokommissionen af regler og lovgivning viste, at der ikke var formelt grundlag for at antage, at der fandt diskrimination sted på arbejdsmarkedet.

Kommissionen mente dog, at diskrimination utvivlsom finder sted i praksis, men at det ikke kunne afskaffes ad lovgivningens vej, men alene gennem oplysning og holdningsændring. Derfor fandt et flertal i kommissionen ikke anledning til at foreslå lovgivningsinitiativer på området.

Landsforeningens repræsentanter og Per Kleis ønskede at tilføje, at den kendsgerning, at kommissionen kun havde kendskab til få sager om diskrimination af bøsser og lesbiske på arbejdsmarkedet blandt andet kunne skyldes, at nogle af dem, der var blevet diskrimineret, fortsat ønskede at være anonyme. Samtidig kom man med det argument, at det ofte kan være vanskeligt at bevise, at man er blevet forbigået ved forfremmelse, fordi man er homoseksuel. Mange sager vil derfor ikke blive rejst.

Citat fra Homokommissionens undersøgelse om diskrimination på arbejdsmarkedet

Egentlig dokumentation for diskrimination vil forudsætte en nærmere undersøgelse for at afdække arten og omfanget af diskrimination - og herefter foretage en vurdering af de initiativer, der bør tages, for at modvirke fortsat diskrimination.

Det er derfor ikke tilstrækkeligt at klarlægge og forebygge formel og åbenlys diskrimination af bøsser og lesbiske på arbejdsmarkedet. Det bør også undersøges, om arbejdsmarkedet tilbyder bøsser og lesbiske vilkår, så de ikke føler sig pressede til at holde deres seksuelle orientering skjult.

Landsforeningens repræsentanter fremførte også, at det kunne være nødvendigt at overveje, om der skulle oprettes et organ i stil med Ligestillingsrådet, som på den ene side skulle beskæftige sig med de daglige diskriminationsspørgsmål, og på den anden lave undersøgelser, der skulle kaste lys over diskriminationen.

Kommissionen kom dog ikke videre i forhold til arbejdsmarkedet - det var jo ikke juridiske problemstillinger, men holdningsmæssige og krævede kostbare undersøgelser, som lå uden for kommissionens regi. Desuden forlod Arbejdsministeriets repræsentant kommissionen i november 1987 på grund af alder. Der blev ikke udpeget en ny.

Og der skete heller ikke mere før 1996, hvor blev der gennemført en lov mod forskelsbehandling på arbejdsmarkedet, som blandt andet betød at forskelsbehandling på grund af seksuel orientering blev forbudt og det blev muligt for Ligebehandlingsnævnet at tage sager om diskrimination på grund af seksuel orientering op. Først i 2004 blev loven udvidet til også at omfatte forskelsbehandling pga. alder og handicap.

Adgang til adoption

Adgangen til adoption var del af diskussionerne i Homokommissionen i 1989'erne, men blev skudt til hjørne, og Landsforeningen pressede ikke på, da vurderingen var, at det ville kunne gennemføre for indførelsen af det registrerende partnerskab. I mange år kunne homoseksuelle kun adoptere som enlige, men vi arbejdede videre med de politiske kontakter, og i 1999 blev stedbarnsadoption gjort muligt. Men det var først med indførelse af kønsneutralt ægteskab i 2012, at par af samme køn fik helt de samme rettigheder som heteroseksuelle par.

Fra 1950'erne florerede den såkaldte "forførelsesteori", hvorefter unge mennesker kunne "forføres" til homoseksualitet. Det handlede i virkeligheden kun om bøsser. Hvorfor et seksuelt forhold mellem to mænd skulle have større indflydelse på valg af seksualitet, end forældrenes heteroseksuelle indflydelse på barnet under opvæksten, melder teorien intet om.

Men midt i 1980'erne eksisterede fordommene stadig i nogen grad i brede kredse i befolkningen og blandt politikerne. Og de eksisterede helt bestemt i de lande, hvorfra mange barnløse danskere hentede børn til adoption. Det var med andre ord kendsgerninger, vi måtte tage hensyn til, da vi diskuterede emnet i Homokommissionen i midten af 1980'erne.

Vores vurdering blev i sidste ende, at en adoptionsregel omfattende alle former for adoption ikke ville kunne vedtages i Folketinget, hvorved et forslag herom ville kunne komme til at stå i vejen for et forslag om registreret partnerskab. Men vores pragmatiske holdning gjaldt alene adoption af udenlandske børn, og ikke adoption af stedbørn i et parforhold.

I lovgivningen skelner man nemlig mellem to former for adoption.

I et ægteskab kunne den ene part med den anden parts samtykke adoptere dennes barn eller adoptivbarn. Bestemmelsen kunne kun anvendes af ægtefæller og ikke af ugifte samlevende, uanset om disse var af forskelligt eller af samme køn. Det var jo et klart problem for homoseksuelle (nok fortrinsvis lesbiske) parforhold, fordi man netop ikke havde mulighed for at gifte sig.

Ugifte enlige eller samlevende måtte i stedet anvende reglerne for adoption af "fremmede" børn. Her kunne adoption bevilges, hvis ansøgeren var godkendt som adoptant. Hvis man var ugift samlevende (som homoseksuelle jo var) var det altså kun den ene part, der kunne adoptere.

Det var justitsministeriet, der fastsatte regler for, at en enkeltperson eller et par blev godkendt som adoptant. For en enlig krævedes der særlige omstændigheder. Baggrunden var, at adoptivbørn selv kunne være en udsat gruppe, og at de derfor burde vokse op i en familie med en far og en mor. Men værre var, at det efter de oplysninger, ministeriet havde indhentet fra de adoptionsformidlende lande, kun i ganske få tilfælde, om overhovedet nogen, ville være muligt at få børn til adoption, hvis der ikke var tale om en traditionel, heteroseksuel familie med mor og far. Det var derfor usandsynligt, at de lande ville godkende adoption til homoseksuelle par.

I kommissionen var der enighed om at undtage "fremmedadoption" fra det forslag til registreret partnerskab, som var i støbeskeen. For vores vedkommende var det som nævnt fordi, vi forventede, at det ikke ville kunne komme igennem i Folketinget og derved ville kunne stå i vejen for en lovgivning om registreret partnerskab, som dog ville give mange andre fordele for bøsse-lesbiske parforhold.

Det sædvanlige mindretal på 5 medlemmer af kommissionen (Landsforenings to, de to radikale og Preben Hertoft) fandt, at undtagelsen kun burde omfatte et pars fælles adoption af udenlandske børn. Vi anså ikke bøsser og lesbiske for mindre egnede som forældre end heteroseksuelle og mente derfor, at registrerede partnere principielt burde have samme adgang til at adoptere som ægtefæller.

Vi lagde betydelig vægt på registrerede partneres ret til stedbarnsadoption. Der var faktisk en del børn i homoseksuelle parforhold, og de skulle naturligvis have samme mulighed som andre børn for at få juridiske forældre, som de boede sammen med. Kun derved kunne det sikres, at barnet kunne forblive hos den efterladte, hvis den biologiske far eller mor døde. Dertil kom, at ønsket om at indgå registreret partnerskab formentlig ville være særlig udbredt i de forhold, hvor der var børn. Det ville således i særlig grad gå ud over børnene, hvis der ikke kom mulighed for stedbarnsadoption.

Flertallet besluttede dog, at alle muligheder for adoption skulle undtages i forslaget til registreret partnerskab. Og sådan blev det. Desværre. Men som det fremgår andetsteds, overlod man faktisk den endelige beslutning herom til Folketinget.

Da partnerskabsloven blev vedtaget i Folketinget i 1989, fornemmede vi i miljøet - oven i glæden - en meget tydelig skuffelse i lesbiske kredse over den manglende mulighed for adoption.

Det kan have været medvirkende årsag til, at de lesbiske i den første tid indgik relativt færre partnerskaber end bøsser.

Stedbarnsadoption i 1999

Gennem et tæt samarbejde med tidligere minister og folketingsmedlem Yvonne Herløv Andersen fik Landsforeningen banet vejen for en ændring af partnerskabsloven, der gjorde stedbarnsadoption mulig.

Landsforeningens landsformand, Bent Hansen arbejdede sidst i 1990'erne tæt sammen Yvonne Herløv Andersen, da begge sad i Aids-Fondets bestyrelse som de to bestyrelsesmedlemmer, som Landsforeningen dengang kunne udpege til Fondets bestyrelse.

Yvonne og Bent drøftede gentagne gange behovet for adgang til stedbarnsadoption for to personer af samme køn. Især lesbiske og også nogle bøsser ville meget gerne have den mulighed. Yvonne, som sad i Folketinget for Centrums Demokraterne dengang, undersøgte muligheden for at opnå flertal i Tinget for en sådan ændring af partnerskabsloven. Yvonne mente, vi skulle prøve. Forslaget blev fremsat.

Som næste skridt fik Landsforeningen - som vi havde for vane i sådanne situationer - foretræde for Folketingets retsudvalg. Bent havde taget et lesbisk par samt deres meget nyfødte baby med, så udvalgets medlemmer selv kunne se et faktisk eksempel på, hvor meget det ville betyde for den sociale mor og ikke mindst for barnet, at hun kunne adoptere sin kones barn. De fleste udvalgsmedlemmers hjerter smeltede ved synet af de to lykkelige mødre med deres trygt sovende baby. Kun et enkelt medlem vrissede surt, at barnet ikke var opført som en del af deputationen.

Med et meget spinkelt flertal blev den foreslåede udvidelse af partnerskabsloven vedtaget i 1999. Igen skrev Danmark verdenshistorie ved som det første land i verden at anerkende to juridiske forældre af samme køn.

Problemet løstes først fuldt ud, da det registrerede partnerskab blev til egentligt ægteskab i 2012 med samme rettigheder som det gamle, heteroseksuelle ægteskab.

Arbejdet for ens seksuel lavalder

Landsforeningen arbejdede i mange år for at sikre, at den seksuelle lavalder var den samme for homoseksuelle og heteroseksuelle. Det lykkedes i 1976. Et andet indsatsområde var få gjort straffen for "tvangsmæssig gennemførelse af seksuelle forhold" ens, uanset om der var tale om homoseksuelle eller heteroseksuel adfærd. Det blev gennemført i 1981.

I 1933 blev homoseksuelle forhold mellem mænd afkriminaliseret. Det skete som et i øvrigt upåagtet resultat af vedtagelsen i 1930 af Borgerlig Straffelov. Lavalderen for heteroseksuelle forhold blev sat til 15 år og i forførelsestilfælde til 18 år, mens den for homoseksuelle forhold blev sat til 18. år og i forførelsestilfælde til 21 år.

Denne forskelsforhandling betød, at Landsforeningen i mange år arbejde på at få ændret den seksuelle lavalder både i form af ligestilling mellem homo- og heteroseksuelle, og en generel nedsættelse til 14 år for alle.

Daværende justitsminister K. Axel Nielsen (S) fremsatte i 1973 et lovforslag, der fulgte disse ønsker. Lovforslaget blev ikke færdigbehandlet i samlingen, men blev genfremsat af den næste justitsminister Karl Hjortnæs (S) i november 1973. Men lovforslaget faldt igen bort på grund af udskrivelse af valg. Den nye justitsminister, Natalia Lind (V) var modstander af forslaget, som ikke blev vedtaget.

Efter endnu et regeringsskifte fremsatte justitsminister Orla Møller (S) et lovforslag, der ligestillede homo- og heteroseksuelles lavalder, men fastholdt den på de 15 år, der hidtil havde været gældende for heteroseksuelle. Lovforslaget blev vedtaget og trådte i kraft i 1976.

Den grimme lov

Selv om "den grimme lov", der kriminaliserede prostitution af mænd under 21 år, var blevet ophævet i 1965, rummede straffeloven stadig i 1980 bestemmelser om, at visse "forbrydelser mod kønssædeligheden" og "tvangsmæssig gennemførelse af seksuelle forhold" blev straffet hårdere, når det handlede om homoseksuel adfærd end når det handlede om heteroseksuel adfærd.

Efter pres fra Landsforeningen fremsatte Det Radikale Venstre et lovforslag i Folketinget i 1981, som fjernede disse forskelle. Forslaget blev vedtaget med støtte fra alle partier.

Der blev således gennemført ligestilling mellem homoseksuelle og heteroseksuelle forhold, så straframmerne blev de samme for strafbare forhold.

Bedre undervisning om homoseksuelle i grundskolen

Homokommissionen diskuterede, hvordan man kunne forbedre informationen om homoseksuelle i grundskolen og ungdomsuddannelserne, men kommissionen nåede ikke til enighed.

I januar 2019 kom det frem, at seksualundervisningen i folkeskolen var utilstrækkelig, og at emner som homoseksualitet og kønsidentitet ofte ikke er på dagsordenen. Hermed er der ikke meget, som har ændret sig siden 1970'erne og 1980'erne. Undervisningen var blandt andet et emne i Homokommissionen, selvom det ikke fyldte særlig meget. Desværre. Sammensætningen af kommissionen var måske også forkert til dét?

Kommissionen undersøgte dog i hvilket omfang, der blev undervist i bøssers og lesbiskes livsform - gennem alle undervisningstrin.

Konklusionen var at emnet "behandles i stærkt begrænset omfang" i videregående undervisning og forskning

At der er pligt til at undervise i biologi - og sexologi – i gymnasiet og HF. Men at det ikke vides i hvilken udstrækning, emnet "homoseksualitet" er en del af undervisningen. Men kommissionen antog, at "delelementet homoseksualitet i mindre omfang indgår heri".

Om folkeskolen skrev kommissionen: "Så vidt det er oplyst for kommissionen, foreligger der ikke fra det seneste tiår repræsentative undersøgelser vedrørende indhold og omfang af folkeskolens seksualoplysning, hvorfra der kunne hentes viden om undervisning vedrørende homoseksualitet".

Kommissionens konklusioner om undervisning i gymnasium, HF og folkeskole var:

1. "at undervisningen hverken kan beskrives præcist i henhold til indhold eller til anvendt undervisningstid
2. at undervisningen, efter undervisningsmidlerne at dømme, er i overensstemmelse med nutidig medicinsk/biologisk viden om seksualitet
3. at opfattelser fra de nyeste samfundsrelaterede studier vedrørende homoseksualitet som levevis kun inddrages i undervisningen i mindre omfang".

Flertallet bestående af formandskabet og embedsmændene anbefalede, at undervisningen om homoseksualitet i grundskolen og de videregående uddannelser skulle redegøre for, at det - omend man ikke specifikt kan definere en "homoseksuel" - skal konstateres, at der findes homoseksuelle, og at "disse har krav på accept som sådanne fra det øvrige samfund".

Mindretallet – inklusive Landsforeningen - var enige i problemerne med nøje at definere homoseksuelle, men fandt det ikke vanskeligt at fastslå, hvad man forstår ved homoseksuel adfærd - seksuelle aktiviteter mellem personer af samme køn. Derfor mente vi, at det var vigtigt at undervise i homoseksuelle livsformer og identitet. Herunder, at bøsser og lesbiske lige så lidt udgør homogene grupper som heteroseksuelle.

Mindretallet mente desuden, at det burde løses i form af obligatorisk tilbudsundervisning på alle undervisningstrin, men naturligvis afpasset efter såvel modtagerens udviklingstrin og øvrige viden, samt undervisernes informations- og erfaringsniveau. Desuden ønskede vi også, at bøsser og lesbiske i en vis udstrækning burde inddrages i undervisningen.

Formålet skulle dels være information om bøssers og lesbiskes vilkår, adfærd og livsformer, dels information om, at det ikke var muligt at foretage en skarp opdeling imellem homoseksuelle og heteroseksuelle.

Det handlede om at gøre op med den uvidenhed, der fandtes og undervisningens skulle medvirke til en bredere forståelse af menneskets følelses- og seksualliv, og ikke kun dreje sig om homoseksualitet. Mindretallet mente altså ikke, at undervisningen alene burde tilrettelægges på et biologisk grundlag, men at den burde inddrage sociologiske og humanistiske synsvinkler.

Forbud mod forskelsbehandling på arbejdsmarkedet

Når lovgivning betyder noget konkret i dagligdagen. Det lykkedes i 1995 Landsforeningen at få regeringen til at tilføje "seksuel orientering" til et forbud mod forskelsbehandling, og nogle år senere var foreningen med på sidelinjen, da denne bestemmelse hjalp et medlem, der var blevet nægtet job med den begrundelse, at han var bøsse.

Da Folketinget i 1986 vedtog udvidelsen af bestemmelserne i lovgivningen om forbud mod forskelsbehandling til også at omfatte "seksuel orientering", gjaldt dette ikke arbejdsmarkedet. I Danmark har vi altid hyldet princippet om, at forholdene på arbejdsmarkedet skal reguleres af arbejdsmarkedets parter selv - altså fagforeningerne og arbejdsgivernes organisationer.

Imidlertid blev vi i 1995 opmærksomme på, at EU-parlamentet havde vedtaget et direktiv om, at medlemslandene skulle indføre et "forbud mod forskelsbehandling på arbejdsmarkedet" som omfattede: race, hudfarve, religion eller tro, politisk anskuelse eller national, social eller etniske oprindelse".

Vi ledte forgæves efter "seksuel orientering" i teksten. Som den flinke elev i klassen, som Danmark i de fleste sammenhænge i EU altid er, fremlagde daværende arbejdsminister Jytte Andersen (S) et forslag til lovgivning på området. Desværre holdt hun sig udelukkende til den oprindelige tekst i EU-direktivet - altså uden "seksuel orientering".

Så trådte Landsforeningen i karakter. Vi kontaktede ministeren og påpegede, at dansk lovgivning på området burde være ensartet, når det som i dette tilfælde handlede om forbud mod forskelsbehandling og diskrimination. Desuden kontaktede vi en af vores trofaste støtter i Socialdemokratiet, Dorte Bennedsen. Hun indså straks, at det, som hun sagde: "Var nødvendigt med et politisk initiativ". Herefter kontaktede hun sin partifælde ministeren Jytte Andersen. Nogle uger efter blev lovforslaget fremsat i Folketinget. Til alles tilfredshed omfattede forslaget nu også "seksuel orientering". Ministeren havde lyttet.

Det var efter vores opfattelse et flot signal til arbejdsmarkedets parter. Blot havde loven en ulempe: Der var "omvendt bevisbyrde". Det vil sige, at følte man sig forskelsbehandlet eller diskrimineret af sin arbejdsgiver, skulle man selv bevise, at det forholdt sig sådan. Det er i de fleste tilfælde vanskeligt at løfte en sådan bevisbyrde. Vi regnede da heller ikke med, at vi nu ville se en række af den slags sager; men alligevel kom den første, før vi anede det, og tilmed på meget nært hold:

Fra teori til praksis

Et af medlemmerne af hovedbestyrelsen, som repræsenterede Landsforeningens afdeling i Sønderjylland, havde søgt en stilling som pædagogmedhjælper og havde fået tilbudt stillingen. Inden han skulle begynde på arbejdet, blev han imidlertid indkaldt til møde, hvor man ville forklare ham, hvorfor han alligevel ikke kunne få jobbet. Han anede uråd og kontaktede et andet medlem af vores hovedbestyrelsen, som arbejdede i HK og kendte til den slags sager. HK-manden rådede ham til at medbringe en tændt, men skjult diktafon i brystlommen og på den måde optage hele mødets forløb.

Trods nervøsitet og ubehag ved mødet fulgte han rådet, og optog forklaringen på, at han alligevel ikke kunne få jobbet. "Det måtte han da kunne forstå, når de nu havde fundet ud af, at han var bøsse". Til hans store tilfredshed kunne han bagefter konstatere, at optagelsen var blevet et perfekt bevis på, at de havde overtrådt dansk lovgivning.

Nu var det hans tur til at bede arbejdsgiveren om et møde assisteret af hans fagforening. Først nægtede arbejdsgiveren at have givet begrundelsen, at han var bøsse. Så blev det tid til at spille optagelsen for dem, hvorefter de måtte indrømme, at det jo præcis var, hvad de havde gjort. Vores hovedbestyrelsesmedlem fik en klækkelig erstatningssum og var glad for den hjælp og opbakning, han havde fået.

Nok kan beviset være svært at løfte i den slags sager, men det kan altså godt lade sig gøre.

Da homoseksuelle ved et pennestrøg blev raske

Landsforeningen arbejdede for at de danske sundhedsmyndigheder ændrede holdning og ikke blindt fulgte WHO's internationale sygdomsklassifikation, hvor homoseksualitet var oplistet som en psykisk sygdom. Det lykkedes i 1981.

Efter at den internationale LGBT-paraplyorganisation IGA (nu ILGA World) var blevet oprettet i 1978, drøftede man ved møderne en strategi for at få slettet diagnosen 'homoseksualitet' som en psykisk sygdom i WHO's internationale sygdomsklassifikation.

Det betød, at vi også i Landsforeningen begyndte at interessere os for sagen. Det viste sig, at langt de fleste lande almindeligvis blindt fulgte WHO's diagnoseoversigt. Men faktisk var det muligt at justere den nationale oversigt, hvis sundhedsmyndighederne i det pågældende land godkendte det. Derfor begyndte vi intenst at påvirke sundhedsstyrelsen og psykiaterne i sundhedssystemet samt skrive indlæg til pressen om det forkastelige i, at man i Danmark stadig betragtede homoseksualitet som en psykisk sygdom. Efter mange møder med autoriteterne, lykkedes det os i 1981 at få slettet diagnosen, som havde nummer 302.09 i oversigten.

Imidlertid prøvede nogle psykiatere i systemet at snyde på vægten, idet de internt udsendte en melding om, at diagnosen godt stadig kunne anvendes, hvis den pågældende homoseksuelle psykiske patient selv godkendte det. Heldigvis var der også psykiatere, som var loyale over for Landsforeningen, og de underrettede os om denne omgåelse af den overordnede beslutning.

På vores opfordring udsendte Sundhedsstyrelsen herefter en præcisering, som kaldte psykiaterne til orden. Ved et pennestrøg var vi alle blevet raskmeldte.

Udlændingelovgivningen

Landsforeningen førte fra slutningen af 1970'erne nogle sager for udenlandske statsborgere, som havde forelsket sig i en dansker af samme køn og danskere, som havde forelsket sig i udenlandske statsborgere af samme køn. Deres problem var, at den udenlandske statsborger ikke kunne få opholdstilladelse på lige fod med heteroseksuelle. Men det ændrede sig først med indførelsen af det Registrerede Partnerskab i 1989.

Kernen i sagen var, at det ikke var muligt for bøsser og lesbiske at indgå et lovformeligt parforhold, som var anerkendt af myndighederne på lige fod med ægteskabet. Og fordi forholdet ikke var anerkendt af myndighederne, så kunne den udenlandske part ikke søge om opholdstilladelse i Danmark, men skulle gøre det fra en dansk ambassade i udlandet. Det oplevede vi som meget frustrerende - det handlede jo om konkrete menneskeskæbner - og vi henvendte os naturligvis til politikere og til medierne.

Landsforeningen bad i folketingsåret 1977-1978 folketingsmedlem Ebba Strange fra SF om at stille nogle spørgsmål til justitsministeren om mulighederne for at give opholds- og arbejdstilladelse til udenlandske bøsser og lesbiske, som lever sammen med en dansk statsborger.

Justitsministeren svarede blandt andet, at ministeriet havde fastlagt en praksis, hvor man generelt lagde vægt på den pågældendes tilknytning til landet. Både forholdets varighed og hvor længe udlændingen havde opholdt sig i Danmark var noget man lagde meget stor vægt på. Generelt blev der kun givet opholdstilladelse i disse tilfælde, hvis forholdet havde varet i længere tid. Justitsministeren havde også gjort et udvalg, som arbejdede på ny udlændingelovgivning opmærksom på problemet.

Også Folketingets ombudsmand var inde over sagen i 1978, og han gav stort set tilslutning til ministeriets synspunkter. Han fandt dog, at der under hensyntagen til, at bøsser og lesbiske ikke kunne gifte sig, burde være en lidt lempeligere praksis vedrørende opholdstilladelse til udlændinge i fast samliv med en dansk statsborger end for heteroseksuelle.

Folketingets Udlændingeudvalg udtalte, at der fortsat burde gives opholdstilladelse til udlændinge, der levede fast sammen med en dansk statsborger. "Dette gælder både homo- og heteroseksuelle forhold".

Her glemte man dog behændigt, at bøsser og lesbiske ikke kunne indgå myndighedsgodkendt samlivsforhold (registreret partnerskab). Der blev endog puttet salt i såret, fordi man direkte advarede mod etablering af et myndighedsgodkendt samlivsforhold for bøsser og lesbiske, for "det ville indebære betydelig fare for omgåelse af fremmedarbejderstoppet". Af indlysende grunde undlod man at uddybe, hvorfor det netop skulle være de relativt meget færre homoseksuelle forhold end heteroseksuelle forhold, der skulle "indebære betydelig fare". Det er ikke til at vide, om dem, der fremførte argumentet, selv troede på det. Eller om det bare var den sædvanlige forvaltningskultur, der gjaldt dengang, når det handlede om problemstillinger for bøsser og lesbiske – hvor man kom med bortforklaringer og ikke forholdt sig til substansen.

I øvrigt erklærede udvalget sig enig med de synspunkter, som var fremført af justitsministeriet og af ombudsmanden. Alt andet ville også have været overraskende.

I forbindelse med behandlingen af den nye udlændingelov i 1983 blev Landsforeningen anmodet om en udtalelse om et fremsat forslag til ny lov. Vi svarede i brev af 24. marts 1983 til Justitsministeriet blandt andet, at vi *"finder det helt utilfredsstillende, at lovforslaget ikke ligebehandler homoseksuelle og heteroseksuelle par for så vidt angår adgangen til opholdstilladelse ... Mens heteroseksuelle par kan opnå opholdstilladelse umiddelbart ved indgåelse af ægteskab, skal homoseksuelle fortsat opfylde kravet om fast samliv af længere varighed"*.

Landsforeningen fremsatte herefter et forslag til ændrede formuleringer, som i højere grad kunne sikre bøssers og lesbiskes rettigheder. Et af forslagene gik ud på at der skulle indføres en registreringsordning for samlevende bøsser og lesbiske, mens et andet forslag gik ud på at afskaffe kravet om, at et samliv skulle have varet halvanden til to år, før der kunne gives opholdstilladelse. Vi uddybede med at forklare, at dette varighedskrav netop var belastende alene af den grund, at udlændingene jo lige præcis ikke har opholdstilladelse og derfor flere gange i perioden skal forlade landet i mindst 6 måneder. Det kom der dog ikke noget ud af.

Ægteskabsudvalgets forslag blev også behandlet i Homokommissionen. Der var enighed om, at indførelse af registreret partnerskab ville løse problemerne i forbindelse med udenlandske bøssers og lesbiskes ophold her i landet for de par, som lod sig registrere. Der var også enighed om, at de par, som ikke lod sig registrere, skulle ligestilles med andre ugifte samlevende par. Det ville først og fremmest sige, at samlivet skulle have varet op til 2 år.

Men der var delte meninger om, hvorvidt problemet kunne løses uden registreret partnerskab.

Det sædvanlige flertal på 6 medlemmer bestående af formandskabet og embedsmændene fandt det principielt muligt at foretage ændringer i udlændingelovgivningen, der ville sikre en ligestilling mellem homoseksuelle og heteroseksuelle parforhold mellem en dansk statsborger og en udlænding. Det ville evt. kunne ske administrativt. (Det kom dog ikke frem, hvorfor det så ikke var sket allerede nu). Flertallet fandt end ikke, at der var behov for at ændre familiesammenføringsreglerne til fordel for bøsser og lesbiske, da man var bange for omgåelse af reglerne som nævnt ovenfor i forbindelse med ægteskabsudvalgets betænkeligheder (igen uden begrundelse).

På den anden side mente det sædvanlige mindretal (Landsforeningen, de radikale og Preben Hertoft), at der var behov for en ordning med veldefinerede betingelser, som skulle opfyldes, for at den udenlandske partner kunne få opholdstilladelse. Betingelserne burde være lige så klare som dem, der blev opstillet for heteroseksuelle par. Herved kunne der sikres klarhed for partnerne om, hvordan betingelserne kunne opfyldes. Det måtte også sikres, at betingelserne ikke krævede et større kontrolapparat end for ægtefæller. Reglerne burde heller ikke bryde med de gældende regler for familiesammenføring, så der kunne komme uønskede muligheder for at omgå indvandrerstoppet. Som for ægtefæller burde reglerne for bøsser og lesbiske ikke indeholde et krav om længden af opholdet, da det var urimeligt belastende og svært at opfylde.

Det var mindretallets (herunder Landsforeningens) holdning, at det registrerede partnerskab var den eneste hensigtsmæssige løsning, fordi det hverken før Homokommissionen eller i kommissionen var lykkedes at nå frem til forslag til regler, der ville medføre en acceptabel retsstilling for homoseksuelle par i forhold til udlændingelovgivningen.

Og som bekendt blev det registrerede partnerskab vedtaget i Folketinget i 1989, ikke mindst på baggrund af Landsforeningens store og mangeårige indsats, og fordi vi forstod kunsten at samarbejde med de rigtige politikere i Folketinget.

Hermed blev der så også givet en løsning på nogle af de problemer, som homoseksuelle mødte, når de forelskede sig i en dansker og ønskede at opholde sig og arbejde i Danmark. Og når en dansker forelskede sig i en udenlandsk statsborger.

Da Landsforeningen tabte tålmodigheden

Landsforeningen har næsten altid udelukkende benyttet sig af dialogens vej og konstruktive samtaler med politikere, ministre og andre beslutningstagere, men i et tilfælde i begyndelsen af 1980'erne tabte foreningen tålmodigheden i forbindelse med forskelsbehandling af heteropar og homopar i forhold til arbejds- og opholdstilladelse. Det blev til en fysisk blokade af justitsministeriet.

I begyndelsen af 1980'erne forberedte justitsministeriet en revision af udlændingeloven. Fra Landsforeningens side gjorde vi, hvad vi kunne for at påvirke processen især for at få fjernet forskelsbehandlingen mellem heteropar og homopar i forhold til arbejds- og opholdstilladelse.

For homoparrene førte det i flere tilfælde til dramatiske og traumatiske situationer, når udlændingen blev udvist efter tre måneder på turistvisum. Både på Hovedbanegården og i Kastrup var Landsforeningens repræsentanter vidner til følelsesmæssige og sindsoprivende afskedsscener, når en udlænding - ofte med politiets hjælp - blev sendt ud af landet.

Vi havde svært ved at få politisk forståelse for vores synspunkter, og i en konkret personsag blev det for meget for foreningen.

Som protest besluttede vi at besætte justitsminister Ole Espersens forkontor. Vi var godt forberedte. Der var udarbejdet løbesedler til blandt andet ministeriets personale, og i sidste øjeblik underrettede vi pressen. Ti personer - heriblandt foreningens landsformand og næstformand - invaderede ministerens forkontor og forlangte at få ministeren i tale. For at understrege at vi havde i sinde at blive, til vi havde fået vores vilje, havde flere medbragt deres strikketøj og satte sig godt til rette på gulvet. TV-avisen dukkede op i situationen og interviewede landsformanden.

Imidlertid dukkede ministeren ikke selv op. Men det gjorde en synlig rystet og nervøs departementschef, der beklagede, at vi desværre ikke kunne træffe ministeren, da han ikke var til stede i ministeriet i øjeblikket. Derimod kunne han tilbyde foreningens ledelse et møde med ministeren dagen efter kl. 10, men så skulle vi til gengæld også allesammen straks forlade ministeriet nu. Vi tog imod tilbuddet, og udtalte os efterfølgende til mange aviser.

Dagen efter mødte foreningens ledelse atter op i ministeriet og kunne konstatere, at selv forkontoret nu i nattens løb var blevet forsynet med en lås. Og vi blev først lukket ind, efter man havde konstateret, at vi kun var to og ikke ti som dagen før.

På mødet med Ole Espersen begyndte vi straks at forelægge vores synspunkter, men blev med det samme afbrudt af ministeren, der udtrykte undren over, at vi ikke først undskyldte vores opførsel dagen før. Vi undskyldte, men understregede, at vores adfærd åbenbart var, hvad der skulle til for at blive hørt og dermed få politisk og pressemæssig opmærksomhed.

Desværre førte Landsforeningens aktion og samtale med Ole Espersen ikke til nogen løsning på den urimelige forskelsbehandling af homoseksuelle. Problemet blev først løst med indførelse af det registrerede partnerskab otte år senere.

Et andet eksempel på, at vi tabte tålmodigheden og besluttede, at noget utraditionelt måtte gøres, opstod, da det reaktionære Shah-styre i Iran blev væltet i 1979 og erstattet af et revolutionært og endnu mere reaktionært præstestyre, som anså homoseksualitet for en synd og derfor begyndte at henrette homoseksuelle. Det vakte naturligvis stor forargelse og opstand i homoseksuelle kredse i den vestlige verden.

Ekstra Bladet sendte forfatteren og senere psykolog Carsten Nagel til Teheran for at demonstrere foran det fængsel, hvor mange homoseksuelle sad fængslet og ventede på at blive henrettet.

Billederne af Carsten foran fængslet gik verden rundt, men han blev hurtig stoppet af det lokale politi, udvist og sendt retur til Danmark.

Landsforeningen allierede sig med Bøssernes Befrielsesfront og arrangerede en stor demonstration fra Christiansborg til Irans ambassade, hvor der blev holdt protesttaler og gennemspillet en fingeret henrettelsesscene af en masse bøsser, som efter en maskingeværsalve faldt om på kørebanen.

Herefter indledte nogle få en 24-timers sultestrejke i protest mod styret i Iran. Hele arrangementet fik en del medieomtale, og landsformand Henning Sandau havde dagen efter et møde med Irans ambassadør i Danmark. Ambassadøren var fræk nok til at påstå, at man da ikke havde noget mod homoseksuelle i Iran, og derfor heller ikke diskriminerede dem. Det lykkedes for nogle bøsser fra Iran at flygte til Europa og USA. Nogle få kom også til Danmark, hvor Landsforeningen hjalp dem med advokatstøtte, så de kunne opnå asyl her.

Folkekirken og Landsforeningen

Et af de områder, som ikke var omfattet af Partnerskabsloven, var folkekirken. Det var helt bevidst fra Landsforeningens side. Vi var helt klar over, at hvis vi havde fremsat et ønske om at kunne indgå partnerskab i kirken, så ville vi aldrig have kunnet fastholde flertallet i Folketinget og få loven vedtaget.

Da loven var vedtaget, nedsatte foreningen derfor et udvalg, som skulle se på mulighederne for at få folkekirken til at acceptere selve institutionen ”Partnerskab mellem 2 personer af samme køn”. Derfor skrev udvalget til landets biskopper for at få belyst deres holdning til partnerskabsloven og til homoseksualitet i det hele taget, Deres svar var meget forskellige lige fra total afvisning til mere imødekommende holdninger.

I forlængelse heraf rejste Landsforeningen debat om sagen dels i pressen dels på politisk plan. Vi tog kontakt til en række politikere og var adskillige gange til foretræde for folketingets kirkeudvalg. Vores anstrengelser resulterede i, at biskopperne i 1995 besluttede at nedsætte et udvalg, som blandt andet skulle se på mulighederne for "en kirkelig velsignelse af registreret partnerskab". To år efter udgav udvalget rapport om sit arbejde. Det var en særdeles progressiv og fremsynet rapport, som fx opstillede tre eksempler på, hvordan et ritual kunne gennemføres med såvel tilspørgelse som håndspålæggelse, hvilket var et meget stort ønske fra Landsforeningens side. Desværre afviste biskopperne at følge udvalgets anvisninger til stor irritation og vrede både i Landsforeningen og i mange medier.

Herefter udviste mange par, som ville indgå partnerskab og samtidig ville have en kirkelig velsignelse, stor kreativitet for at få opfyldt begge ønsker. De kunne fx invitere en kommunal giftefoged til at registrere deres partnerskab i våbenhuset i den kirke, hvor præsten bagefter inde i selve kirke ville velsigne deres netop indgåede partnerskab.

Der skulle går endnu nogle år, før partnerskabet fik alle ægteskabets rettigheder, og ægteskab mellem 2 personer af samme køn også kan indgås i folkekirken. Det skete i 2012. Dog kan præster nægte at vie to personer af samme køn, hvis det er imod deres egen overbevisning.

Den første sag om diskrimination

I 1989 lagde Landsforeningen sag an mod Emma Fomsgaard, der havde skrevet nedsættende om bøsser- og lesbiske i et læserbrev og dermed overtrådt diskriminationsparagraffen i straffeloven. Vi tabte sagen i byretten og landsretten.

I juni 1989 – en uge efter Folketinget havde vedtaget partnerskabsloven - bragte Ringkjøbing Amts Dagblad dette læserbrev, som en reaktion på en debat mellem de to nævnte præster:

"Pastor R. Sloth Henriksen er af pastor Ivan Larsen blevet beskyldt for uhyrligheder, fordi han har sagt sandheden om den ugudelige partnerskabslov; men nej, denne lov er en eneste store uhyrlighed mod både Gud og mennesker - og stammer fra S, SF, dele af de radikale og Fremskridtspartiet plus et par venstrefolk og centrum-demokrater.
De er blinde vejleder. Lad os få en folkeafstemning. Det, som Bibelen kalder vederstyggelighed, vildfarelse og skamløshed, skal nu sidestilles med ægteskabet.
Efter en lov, der ligeledes blev listet igennem (uden fuld offentlighed) er man nu kriminel når man nævner Guds og Bibelens syn på homoseksualitet. Fantastisk!
Hvor længe må man kalde en tyv kriminel? Er en homofil ikke en slags tyv? Stjæler han ikke sin næstes ære, og måske hans liv, ved at udnytte ham og måske påføre ham AIDS?
Det kan ikke undre de herrer i tinget, om vi nu får fæle tanker om dem selv. Med den ene hånd øser regeringen milliarder ud til såkaldt "aids-oplysning"; med den anden vinker de så nu ad bøsser fra andre lande og lover dem bistandshjælp, desuagtet de ved, at 80 pct. af de Aids-syge findes i disse kredse.
Resultatet bliver: mere homosex, mere AIDS, også på de i forvejen betrængte hospitaler. Hvilket hykleri!
Biblens Aids-bekæmpelse hedder: "Du må ikke bedrive hor". Homosex er den ækleste form for hor og "vildfarelsens velfortjente løn høster de, som det sømmer sig på sig selv", siger Bibelen (Romerbr. 1,27).
Hvem tør så give Gud skylden for AIDS? Vi er advaret i Bibelen. Sodoma-synden skal i højsædet nu; men Gud lader sig ikke spotte, det siger Sodoma og Gomorra og andre hedenske kulturer alt om.
Danmark fører, hvad hedenskab angår, med denne lov. Der er kun én redning: At vende om fra Djævelens magt, til Gud, med anger og bod. Lad os gøre det! Mens tid er; men det haster! "Thi vist er det, enhver har tabt, som gik imod Gud i strid".

Emmy Fomsgaard
Østervang 30
Skjern"

I 1987 var straffelovens § 266b udvidet til også at omfatte udtalelser ved hvilke en gruppe af personer trues, forhånes eller nedværdiges på grund af sin seksuelle orientering, Landsforeningens ledelse fandt, at der her var tale om ytringer som forhåner og nedværdiger bøsser, når vi bl.a. blev beskrevet som kriminelle. Vi anmeldte derfor Emmy Fomsgaard og den ansvarshavende redaktør for Ringkjøbing Amts Dagblad til politiet i Ringkøbing for overtrædelse af straffeloven.

Anmeldelsen gav anledning til stor debat, både internt i foreningen og i den brede offentlighed. I flere vestjyske medier og i Kristeligt Dagblad var der tale om en entydig hetz mod anmeldelsen. Ringkjøbing Amts Dagblad skrev fx "En sag uden sidestykke i dansk retshistorie er under opsejling", og chefredaktøren kunne slet ikke forstå, hvad vi ville opnå med anmeldelsen, for "i dag diskuterer man jo lige så frit bøsse-forhold som alle andre forhold." I Kristeligt Dagblad skrev sognepræst i Bredballe, Rolf Sloth Henriksen, en længere svada, hvor han beskrev Emmy Fomsgaard som "en ældre skikkelig dame i Skjern", der var blevet opsøgt af "selveste det danske kriminalpoliti", og blandt andet var blevet spurgt, om hun var straffet før! Det blev til en generel skælden ud på staten, politiet og Danmarks Radio, og han endte med at tilbyde selv af gå i fængsel i stedet for Emmy Fomsgaard, for som han skrev "Det er nemt at ramme de svage, men det ville give et dårligt renommé at sætte præster i fængsel, blot fordi de siger sandheden."

På lederplads havde Kristeligt Dagblad et mere afbalanceret syn på sagen, men kaldte dog § 266b "En farlig lov", som havde fjernet balancen mellem demokratiets frie debat og injurier. I andre medier - og ikke mindst i Pan-bladet, som over flere måneder havde adskillige indlæg om sagen - drejede det sig om forholdet mellem ytringsfrihed og dét, vi i dag kalder had-tale.

Sagen blev behandlet ved retten i Skjern i januar 1990. Dommen indeholder en lang beskrivelse af Emmy Fomsgaards problemer med homoseksualitet; hun opfatter bøsser som "sølle forvildede syndere", og hun mener, at politikerne i stedet for at bruge store summer på Aids-bekæmpelse hellere skulle holde sig til Guds ord! Endvidere er der en række henvisninger til 3. Mosebog og Paulus' breve. Afslutningsvis finder retten:

"Direkte citater fra biblen falder udenfor straffelovens par. 266 B. Det samme må efter rettens opfattelse gælde en nær gengivelse og udlægning af skriftsteder.

Flere af bibelens skriftsteder indeholder en kraftig fordømmelse er homoseksuel adfærd.

Tiltaltes udlægning af de nævnte skriftsteder er måske ikke holdbar ud fra en videnskabelig, teologisk betragtning.

Hensynet til udtryksfriheden må imidlertid efter rettens opfattelse føre til, at der ikke stilles så strenge krav til et læserbrevs saglige form, at man derved afholder almindelige mennesker for at deltage i offentlige debatter.

Da retten ikke finder, at tiltalte har overskredet grænsen for det strafbare, frifindes hun."

Efter domsafsigelsen havde Landsforeningen indkaldt til pressemøde i Skjern. Ved pressemødet redegjorde Bent Hansen, om baggrunden for, at Landsforeningen havde rejst sagen. Desværre måtte vi nu se i øjnene, at anklagemyndigheden havde tabt sagen ved byretten her i Skjern, men vi så frem til, at anklagemyndigheden ville anke afgørelsen til Vestre Landsret.

Flere pressefolk spurgte, hvorfor Landsforeningen dog ville bruge kræfter på "den pæne ældre dame". Hertil svarede Bent, at vi absolut ikke blot anså Emmy Fomsgaard for "en pæn ældre dame", men for en nedrig, ondskabsfuld og beregnende ældre dame.

Af en eller anden grund var Ekstrabladet meget interesseret i, hvordan Bent kom tilbage til København, så de ringede til Landsforeningens sekretariat og spurgte. Han fløj tilbage fra Stavning flyveplads. En sød lokal bøsse var så venlig at køre ham ud til flyvepladsen.

Anklagemyndigheden ankede dommen til Landsretten, optog sagen til dom i slutningen af marts 1990. I Landsretten forklarede Emmy Fomsgaard supplerende, at "Sygdommen AIDS, der forfølger de homoseksuelle, er guds straf over de homoseksuelle."

I sagen medvirkede 3 juridiske dommere og 3 lægdommere, og deres stemmer faldt således ud:

En mener ikke, at udtalelserne er forhånende eller nedværdigende, to mener, at udtalelserne er forhånende og nedværdigende, men ikke af en sådan grovhed, at de kan anses for strafbare. Tre dommere har en omfattende udtalelse med citater fra lovbehandlingen, Homokommissionen mv. og finder, at de fremsatte udtalelser må karakteriseres som objektivt retsstridige. Derfor, og *"idet hensynet til at beskytte de homoseksuelle mod forhånende og nedværdigende udtalelser af den pågældende karakter vejer tungere end hensynet til, at sådanne udtalelser frit kan indgå i den åbne samfundsdebat, finder disse voterende tiltalte skyldig i overensstemmelse med den rejste tiltale."*

Vores formodning er, at de tre sidst citerede dommere er de juridiske dommere, men da stemmerne stod lige – 3 for frifindelse og 3 for straf – opretholdes byrettens frifindelse.

Efter domsafsigelsen havde Landsforeningen igen indkaldt til pressemøde i Esbjerg, hvor retsmødet fandt sted. Adskillige fra Landsforeningens ledelse, heriblandt Bent Hansen tog til Esbjerg for at overvære retsmødet og høre dommen. Medierne skrev meget om sagen, og Bent talte med mange journalister om den kommende sag i Landsretten. Især en journalist fra Jyllands-Posten var meget interesseret og ringede til Bent mange gange. Da hans artikel endelig blev bragt i avisen, havde han fordrejet Bents udtalelser til ukendelighed og givet hele sagen en helt fordrejet fremstilling.

Den samme journalist havde tilmed den frækhed at møde op til det efterfølgende pressemøde, hvor Bent straks gav sig til at kritisere hans fremstilling af sagen og Landsforeningens motiver. Det udviklede sig til et gedigent skænderi til stor morskab for de øvrige journalister. En anden af foreningens repræsentanter måtte lægge sig imellem og dæmpe gemytterne, så vi kunne komme i gang med pressemødet.

Vi vidste jo ikke, hvad sagens udfald ville blive. Derfor havde vi udarbejdet to pressemeddelelser. En hvor vi fik medhold, og en hvor vi tabte.

Imidlertid kan man jo godt fortolke dommen som 'uafgjort 3-3', som Bent sagde på pressemødet, men vi tog med rette udgangspunkt i, at vi tabte og uddelte den pågældende pressemeddelelse. Det fik naturligvis nogle snedige journalister til at spørge, om de ikke også måtte se den pressemeddelelse, hvor vi fik medhold. Det fik de ikke lov til.

Ved pressemødet var også tv til stede, og det var ved den lejlighed, Bent fik et godt råd af en af kameramændene: 'Hvis du bliver interviewet stående, skal du altid sikre dig, at du kan læne dig op ad noget - et bord, væg el.lign. - ellers vil man altid have tendens til at stå og svaje, hvilket ser fjollet ud på tv'.

En anden sjov ting fra Esbjerg: Efter sagen var blevet hørt og retten holdt pause, mens dommerne voterede, forlod de fleste af os retssalen, blot ikke adskillige ældre ægtepar, som andægtigt blev siddende inde i salen. Udenfor spurgte vi nogle af de lokale bøsser, hvorfor de blev siddende derinde. De svarede: 'Kan I ikke se det? De sidder og beder - beder for Emmys frifindelse'.

I en kronik i Fyns Stiftstidende kritiserede cand.jur. Poul Majgaard Nielsen frifindelsen, og argumenterede for, at sagen burde endeligt afgøres i Højesteret. Det var også vores opfattelse – især fordi vi fandt de juridiske argumenter, der er nævnt i Landsrettens dom, meget vægtige – og forsøgte at formå anklagemyndigheden til at søge en tredjeinstansbevilling, så sagen kunne indbringes for Højesteret.

Som reaktion herpå fik vi et brev fra daværende justitsminister Hans Engell, som – med andre ord – opfordrede os til at lade den gamle kone være i fred!

Emmy Fomsgaard var nu ikke nogen svag gammel kone. Hun var en flittig læserbrevsskribent. Fx skrev hun i august 1990 endnu et langt læserbrev (i Kristeligt Dagblad), hvor hun kastede sig over Torben Lund, om hvem hun skrev *"Nydelig mand udvendig – men indvendigt står det sørgeligt til"*, og Folketinget som helhed, fordi man havde vedtaget "Sodoma-loven", som hun kaldte partnerskabsloven. Hun skrev også, at *"Bøsser og lesbiske har sluttet sig sammen i en forening for at blive i deres synder og krævet lovens blå stempel på deres unaturlige utugt, selv om de ved, at det er Gud imod."*

Emmy Fomsgaard døde i 2005 og fik en lang nekrolog i Kristeligt Dagblad, hvor også sagen omtaltes.

Hiv/aids-arbejdet – en start i blinde

Sygdommen aids blev erkendt i 1981, og den medførte en helt ny og alvorlig – til tider meget trist – stemning i homomiljøet, hvor bøsser blev alvorligt syge og døde. På den anden side skete der også en oprustning i miljøet, hvor Landsforeningen fik en ny, vigtig opgave som bindeled mellem de offentlige instanser og de berørte. Vi var "med" allevegne i udviklingen af den danske indsats, og de organisationer som Landsforeningen satte i gang, eksisterer stadig: AIDS-Fondet, Aids-Linjen og gennem årene en åben og ærlig informationsindsats henvendt direkte til "bøsser og andre mænd, der har sex med mænd" gennem STOP AIDS-kampagnen.

Da en ny og hidtil ukendt sygdom, som spredtes blandt amerikanske bøsser, første gang blev nævnt over for Landsforeningen i 1981, var vi både i foreningen og i bøssemiljøet generelt uforstående – ja, vi var forbløffede.

Forkortelserne var engelske

- aids = Aquired Immune Deficiey Symdrome (erhvervet immundefekt syndrom)
- hiv = human immundefektvirus

Landsforeningen besluttede tidligt at skrive forkortelserne "hiv" og "aids" med små bogstaver – lige som "influenza" og "influenza-virus" bliver det - da teksterne på den måde fremstod mindre dramatiske. I mange af hiv/aids-organisationernes navne blev de dog skrevet med store bogstaver lige som i medierne generelt.

Lederen af Kræftforskningsinstituttet i Århus, Peter Ebbesen, henvendte sig til landsformand, Henning Sandau med en opfordring til foreningens mandlige medlemmer om at få taget en blodprøve, så man kunne forsøge at finde ud af, om der kunne være noget at gå efter. Det var vi dæleme ikke meget for, for nu at sige det rent ud. Bøsser skulle ikke registreres, og de skulle heller ikke udsættes for nogen andre og særlige undersøgelser end resten af befolkningen. Vi så for os, hvordan det kunne udstille bøsserne som en særlig farlig gruppe i samfundet? Og forestillede os, hvad modstandere af homoseksualitet ville kunne få ud af det?

Ingen havde konkret viden om, hvad det handlede om, og den endelige beslutning om at godkende undersøgelsen blev truffet af en meget snæver kreds fra foreningens topledelse, sandsynligvis Landsforeningens formand og næstformand. Og det er sikkert heller ikke ført til referat noget sted, for så kontroversielt var det. Men det er sandsynligvis drøftet i en lidt bredere kreds omkring Kurt og Henning Sandaus spisebord i forbindelse med spisning inden møder i forretningsudvalget. Det var i hvert fald Henning Sandau og Bent Hansen, der slutredigerede det brev, der blev sendt ud til bøssemedlemmerne af foreningen.

Formanden blev efterfølgende kritiseret i hovedbestyrelsen, og medlemmer af hovedbestyrelsen blev kritiseret på medlemsmøder rundt i landet, og foreningens ledelse fortsatte i de første år med at vakle i sin tro på sygdommens alvor. Bøssesygdom? Helt uhørt for os – her i begyndelsen.

Det kan ikke betvivles, at der var stor usikkerhed ikke kun i Landsforeningen, men også i bøssemiljøet generelt, om hvad dette egentlig handlede om. Det gav sig udtryk i meget forskelligartede ytringer, fra erkendelse af et problem, over tvivl til fornægtelse. Set i bakspejlet er det ikke smukt. Men vi vidste ikke bedre, og vi oprustede faktisk samtidig med, at vi vaklede. De amerikanske fortællinger handlede om liv og død - unge menneskers død – og det var det afgørende.

Landsforeningens tøvende og omtvistede "Ja" til at opfordre foreningens bøsse-medlemmer til at få foretaget en blodprøve viste sig senere at være en fremsynet beslutning, da de cirka 250 bøssers blodprøver kunne anvendes til både at analysere omfanget af smitte i Danmark og til at kunne sammenligne med smitten i udlandet, da man i 1984 fandt den reelle årsag til aids, nemlig det virus, der fik navnet hiv.

Lakmusprøven på det danske frisind

Foreningen valgte fra første færd helt basalt at følge en tostrenget strategi og gennemførte den også konsekvent i hele perioden med hiv/aids-bekæmpelse: 1) Sygdomsbekæmpelse (uagtet, vi på det tidspunkt ikke konkret vidste, hvad det var) og 2) vi ville gøre alt, hvad vi kunne, for at forhindre, at en sygdom, som ramte bøsser, samtidig kunne anvendes af homofober til at bekæmpe homoseksuelle.

Og der var allerede kræfter i gang i medierne. Sygdommen er "Guds straf til de homoseksuelle", hed det i en større artikel i Kristeligt Dagblad. En oprømt landsformand fik lov at svare. Chefredaktøren var professionel, imødekommende og venlig.

Problemstillingen kan klargøres med en fortælling om et indslag i datidens monopol-TV. Som tiden gik, voksede mediernes interesse for hiv/aids, og især landsformanden kom efterhånden til at deltage i en hel del TV-udsendelser, både lange og oplysende og i TV-avisen. I TV-avisen blev Henning Sandau interviewet af den dengang landskendte journalist, Erik Stephensen. Det foregik i Landsforeningens lokaler på 3. sal i Knabrostræde 3 i København.

Intervieweren kom ind på, hvilken betydning, en sygdom, der først og fremmest spredte sig blandt en mindretalsgruppe, som ikke var velset alle steder - stemningen og holdningen var anderledes dengang i begyndelsen af 1980'erne - kunne få for både homomiljøet og resten af samfundet. Henning Sandau svarede, at reaktionerne ville blive en lakmusprøve på det danske frisind og det danske samfund i det hele taget.

Bestod samfundet den lakmusprøve? Landsforeningen gjorde sit til det. Og i tilbageblik lykkedes det i det store og hele - både for homomiljøet, frisindet og for samfundet som et hele. Visse, mindre, grupper på især den religiøse og også politiske højrefløj forbigår vi så på dette sted i stilhed.

I forlængelse af lakmus-synspunktet fastholdt vi helt fra starten, at sygdomsbekæmpelse ikke alene kunne overlades til personer ansat inden for sundhedsvæsnet (læger, sygeplejersker mv.), men at hiv/aidsindsatsen konsekvent skulle fastholdes i en bred samfundsmæssig dimension.

Derfor blev strategiske problemstillinger og beslutningstagninger fra starten placeret i hovedbestyrelsen og især i dennes forretningsudvalg, som mødtes en gang om ugen og derfor hele tiden kunne agere ud fra aktuelle problemstillinger.

I de første par år blev den organisatoriske ledelse bakket op af først venerisk udvalg bestående af Bent Hansen og Kurt Sandau og siden sundhedsudvalget, som bestod af sundhedspersoner, men senere erstattede hovedbestyrelsen denne konstellation med "AIDS-aktionsudvalget" med repræsentation fra foreningens ledelse og af et par afgørende sundhedspersoner.

Kamp på flere fronter

I samme periode først i 1980'erne var foreningen travlt optaget med at få udarbejdet forslag til registreret partnerskab og med at få nedsat en kommission til belysning af bøssers og lesbiskes vilkår i det danske samfund. Det var i sig selv ressourcekrævende opgaver over for et trægt og modvilligt politisk system.

Landsforeningen mødte således den nye sygdomsudfordring i en periode, hvor mange af de frivillige i forvejen havde travlt nok, ikke mindst i foreningens ledelse. På den anden side udførte foreningen allerede en stor indsats for at forebygge veneriske sygdomme (bl.a. gonorré og syfilis) i bøssemiljøet.

Og da Landsforeningen så i de følgende par år blev opmærksom på hiv/aids-problemets alvor, satte foreningen alle kræfter ind – ja, mere end dét i den sidste ende. Det blev en meget, meget travl periode for foreningens hovedbestyrelse og forretningsudvalg samt for de mange nye frivillige, der nu meldte sig under fanerne.

Landsforeningen var meget hurtig til at lægge en strategi for sygdomsbekæmpelse og var også meget effektiv i den interne organisering for bedst muligt at kunne kombinere sygdomsbekæmpelsen med kampen mod den diskrimination, som vi frygtede skulle følge med denne dødelige sygdom, som nu vitterligt spredte sig blandt bøsser.

Der blev meget hurtigt taget kontakt til relevante sundhedsmyndigheder, hvor vi blev modtaget med forholdsvis åbne arme, fordi begge parter havde brug for hinanden.

Derimod kneb det mere med kontakten til de øverste administrative myndigheder, især departementet i Indenrigsministeriet, som dengang havde ansvaret for sundhedsområdet. Ministeriet havde store problemer med at anerkende nødvendigheden af kontakt til en organisation som Landsforeningen, og fandt på alskens mere eller mindre kunstige og verdensfjerne argumenter for at afvise alt, hvad der kom fra Landsforeningen (som det var tradition i statslige, amtslige og kommunale myndigheder på den tid!).

Ny, stor plan fra Landsforeningen i 1985

Nok havde man fundet et virus i 1984. Men der var endnu lang vej til behandling.

I det lys udarbejdede Landsforeningen en samlet plan med henblik på at forelægge den for Sundhedsstyrelsen og Indenrigsministeriet. Planen byggede på flg. to forudsætninger:

- Der skulle øjeblikkeligt fastsættes forholdsregler for undersøgelse og behandling
- De forholdsregler, der blev iværksat, skulle iværksættes på en måde, der sikrede mod diskrimination af bøsser.

Derfor skulle initiativerne igangsættes uden snævre, småborgerlige hensyn, og de skulle tage udgangspunkt i målgruppernes, her især bøssernes, livsformer.

Under disse to forudsætninger blev der så opstillet en række krav:

1. Øjeblikkelig iværksættelse af informationsinitiativer over for befolkningen som helhed, over for de konkrete målgrupper, der blev smittet med aids, og endelig over for de faggrupper, der kom i kontakt med personer med aids
2. Der skulle etableres en fast, døgnbemandet telefonservice, en hotline, som kunne give kvalificerede svar på anonyme henvendelse
3. Der skulle etableres undersøgelses- og laboratoriefaciliteter, så personer, der ønskede en undersøgelse, kunne få den uden unødvendig ventetid

4. Der skulle etableres psykosocial støtte og rådgivning, varetaget af personer med kendskab til målgruppernes (primært bøssernes) livsform

5. Der skulle være flere behandlingssenge

6. Der skulle være mere forskning

7. Der skulle afsættes ressourcer til et professionelt fuldtidssekretariat for både Sundhedsstyrelsen og Landsforeningen

8. Indsatsen skulle finansieres af staten for at undgå, at særligt berørte kommuner (dvs. især kommuner i københavnsområdet) blev hårdt ramt.

Kort efter færdiggørelse af planen havde Landsforeningen møde med Folketingets kommunaludvalg (det daværende sundhedsudvalg). Efterfølgende blev der skabt enighed med ordførerne fra socialdemokraterne, de radikale, SF og VS om flg.

- Der skulle øjeblikkeligt udarbejdes en forpligtende forebyggelsesplan, som indenrigsministeren var bundet til, uanset hvor pengene kom fra

- Der skulle iværksættes information til hele befolkningen

- De lange ventelister ved helbredsundersøgelser skulle afskaffes, også de lange ventetider på svar på analyseresultater

- Tilbagemelding til smittede (antistofpositive) skulle gives mundtligt og umiddelbart følges op af tilbud om psykosocial rådgivning.

Landsforeningens strategi for holdningen til og samarbejdet med myndighederne:

- at sørge for, at foreningens synspunkter fik gennemslagskraft i den offentlige debat
- at samle al tilgængelig viden om aids
- at sørge for let tilgængelig og bred information til alle homoseksuelle, for at vi kan undgå det hysteri, som vi havde set i andre lande
- at opretholde og styrke kontakten til forskere og de myndigheder, der har ansvaret for bekæmpelse af aids.

Sundhedsstyrelsen og indenrigsministeren

Engang i foråret 1984 ringede telefonen hos Landsformanden, Henning Sandau. I den anden ende var Michael von Magnus fra Sundhedsstyrelsen.

Styrelsen skulle til ministeren udarbejde en redegørelse for aids blandt bøsser i Danmark, for at bremse op for epidemien.

Ville vi være med? Ja, mon ikke!

Jesper Jarmbæk og Henning Sandau blev de to primære deltagere fra Landsforeningen. Til tider suppleret af Landsforeningens nye sekretariatsleder, den tidligere næstformand, Bent Hansen. Det var spændende og først og fremmest et hårdt arbejde. Både for Michael von Magnus og hans medarbejdere, og for Jesper Jarmbæk og Henning Sandau. Masser af møder uden for arbejdstid, aftener og weekender. Men det måtte til.

Landsforeningen havde på nærmeste hold mulighed for at påvirke den fremtidige strategi for aids-bekæmpelse.

I den forbindelse opstod igen fortrolighed og tillid. Og midt under forarbejderne blev Jesper Jarmbæk og Henning Sandau interviewet til dagbladet Information. Det blev til en meget grundig og meget lang artikel, hvor vi fik fri mulighed for at fremlægge Landsforeningens synspunkter på aids-bekæmpelse i Danmark, herunder nødvendigheden af at inddrage bøsserne i forebyggelsen og nødvendigheden af respekten for målgruppen. Ellers ville budskaberne ikke komme frem.

I begyndelsen af 1984 havde man fundet ud af, at aids skyldtes et virus, og at det altså var en smitsom sygdom. Der var nu behov for en bred og sammenhængende indsat for at dæmme op for smittespredningen. Og på de kliniske afdelinger - på det tidspunkt især i københavnsområdet - var der alvorlige tegn på, at noget var tiltagende ved at løbe løbsk med flere og flere smittede og syge og døde.

I redegørelsen beskrev styrelsen epidemiens nye perspektiver, og der blev diskuteret principper for en fremtidig indsats. Der blev fremlagt en detaljeret handlingsplan.

Landsforeningen slog på ønsket om frivillighed, anonymitet, tryghed ved at henvende sig til sundhedsvæsnet, undgåelse af diskrimination og åben information. Disse principper blev altså allerede bragt ind i debatten i forbindelse med denne første redegørelse, hvor de vigtigste grundlinjer for den fremtidige aids-politik blev fastlagt. på et meget tidligt tidspunkt, uden dog at være formuleret som en endelig strategi.

Men de fik fuld gennemslagskraft i den redegørelse, som Sundhedsstyrelsen havde fået til opgave at formulere. Ikke kun fordi vi stod fast og argumenterede for vores sag, men også fordi der var lydhørhed i Sundhedsstyrelsen. Og principperne blev i øvrigt klart formuleret i Sundhedsstyrelsens senere redegørelser til forskellige indenrigsministre om hiv/aids i de kommende år, fordi de også blev vedtaget af folketinget i 1987 efter stor indsats over for vennerne i Folketinget forinden.

I denne første redegørelse til indenrigsministeren om hiv/aids gik Sundhedsstyrelsen imod forsøg på at begrænse epidemien ad lovgivningens vej, som man fx havde set i andre lande. Ved at anvende eksisterende epidemilovgivninger og kønssygdomslovgivninger ville man kunne stille belastende og tvangsmæssige krav til den enkeltes adfærd, eller gennemføre registrering af den smittede og dennes seksuelle kontakt. Det blev anset for uacceptabelt i en situation med en dødelig sygdom, hvor man ikke havde kendskab til helbredelsesmuligheder. Det blev også anset for uhensigtsmæssigt, fordi det ville kunne afholde mange fra at gå til undersøgelse, fordi de ikke ville registreres eller tvinges til at angive sex-partnere eller i det hele taget underkastes nogen form for restriktioner. Herved ville sundhedsvæsnet ikke komme i kontakt med dem. Netop det var ufornuftigt, både af hensyn til den enkelte, som ikke ville kunne få mulighed for optimal behandling, og af hensyn til sundhedsvæsnet og sygdomsbekæmpelse, fordi man så mistede muligheder for at få mere viden om sygdommen. Desuden ville registrering af personer, som blev smittet med hiv/aids, der på det tidspunkt kun spredtes blandt bøsser, samtidig være en registrering af homoseksuelle. Det kunne Landsforeningen selvfølgelig heller ikke stå model til.

I stedet foreslog Sundhedsstyrelsen en bred oplysningsindsats over for den brede befolkning og også over for de relevante målgrupper, det ville så især være over for bøsser. Oplysning og mere oplysning blev i det hele taget kodeordet for den fremtidige indsats mange år frem.

Redegørelsen blev oversendt til Indenrigsministeriet i juni 1985.

Af hensyn til det politiske efterspil er det her relevant at nævne, at prisen for de samlede initiativer, styrelsen forslog i redegørelsen, løb op i 120 mio. kr. De omfattede informationsindsatsen samt midler til undersøgelse og behandling og testning af donorblod.

Det var ikke så meget redegørelsens faglige indhold med frivillighed, manglende lovgivning osv., der frembragte reaktioner i Indenrigsministeriet. Og det var selvfølgelig rigtig godt.

Nej, indenrigsministeren, Britta Schall-Holberg, var medlem af en spare-regering, og så kom Sundhedsstyrelsen minsandten her og foreslog at udvide budgettet med hele 120 mio. kr. Det kan nok være, at blodet kom i kog.

I starten var ministeren bare utilfreds med Sundhedsstyrelsen og kom med sure opstød til medierne om, at ville styrelsen have penge, endog så mange som 120 mio. kr., måtte de selv finde dem. Hun og ministeriet kunne ikke. Det dækker over, at regeringen ikke ville, hvilket klart fremgår i det følgende.

Allerede inden ministeren havde læst den fulde redegørelse - eller at hendes embedsmænd i departementet måske havde briefet hende på et tilstrækkeligt sundhedsfagligt grundlag - gik hun nemlig ud i offentligheden med, at det her da ganske rigtigt var en alvorlig sygdom for den enkelte. Men det handlede jo om så få personer (ganske rigtigt på det tidspunkt), og så kunne det jo ikke være en epidemi. Men hun overså, at epidemier jo altid starter i det små. Det er udviklingstendenser, man skal kigge på.

Britta Schall-Holberg blev helt berettiget udsat for en syndflod af bebrejdelser fra den sundhedsfaglige ekspertise, det vil sige de kliniske overlæger og epidemiologerne. Godt hjulpet på vej af det gode forhold mellem Landsforeningen og netop de samme personer. Vi holdt os heller ikke tilbage. Og medierne holdt sig da slet ikke tilbage. Her var en god sag. Sygdom mod en vrangvillig minister. Det var guf.

Senere, da ministeren havde læst redegørelsen, havde hun skrevet en række kommentarer i marginen. Landsforeningen fik senere aktindsigt og vi opfatter hendes kommentarer som provokerende, nedladende og usaglige.

Men udadtil erklærede hun sig enig i de afgørende synspunkter. Da hun dog ikke agtede at finde midler inden for sit ministerområde, mente hun, at forebyggelsesindsatsen i stedet skulle finansieres af amter og kommuner. Og sådan blev det til en begyndelse. Fx forhandlede vi den første husstandsomdelte pjece med Amtsrådsforeningen. Det var da på mange måder professionelt, men det var bestemt ikke tju hej dynamolygte og fremadskridende. Og dét i en situation, hvor alting hastede, fordi sygdoms- og dødstallene bare steg og steg. Nej, alvoren var i sandhed ikke gået op for hverken det departementale eller politiske system endnu.

Sammen med denne beslutning udsendte Indenrigsministeriet en pressemeddelelse. Og her kom ministeren galt af sted igen. Denne gang over for Landsforeningen. Og sådan en godbid lod foreningen ikke gå fra sig.

Pressemeddelelsen startede positivt nok med, at man skulle passe på i den givne situation, at bøsser ikke blev isolerede og diskriminerede. Fint nok, og måske velment eller bare politisk belejligt.

Men så kom der et par "gode råd", om hvordan bøsser kunne undgå smitte. Bøsserne skulle selvfølgelig tænke sig godt om. Ja, OK. Men så kom tilføjelsen: "Der er nogen i den risikogruppe, som har mellem 1.000 og 1.200 kontakter om året". Mellem tusind og tolvhundrede om året? Man kunne kun ryste på hovedet.

Men alligevel ikke kun, for landsformanden kommenterede det således i medierne: "Det minder mest om en kolonihavekanin fra Vanløse". Ekstra Bladet reagerede med en forsideoverskrift i store typer: "Bøsseformand: Hold kæft, Britta".

I efteråret samme år havde Landsforeningen et møde med indenrigsministeren. Ministeren var meget afdæmpet og i det hele positiv over for Landsforeningens indsats. Hun kom også ind på sin udtalelse om, at bøsserne kunne have så mange partnere om året, men påpegede, at Ekstra Bladet havde revet det ud af en sammenhæng. Og hun havde været ked af Henning Sandaus bemærkninger om kolonihavekaninen. Landsformanden svarede, at man var nødt til at reagere for at værne om sit ry, når man nu blev fremstillet som rene ”sexdyr”.

Britta Schall-Holberg erklærede på mødet, hvor Sundhedsstyrelsen ved overlæge Michael von Magnus også deltog, at hun var imod enhver registrering af personer, som var smittet med aids.

Desuden var hun enig i hovedlinjerne i Landsforeningens plan om oplysningsindsats, men den skulle gennemføres på amternes budgetter. Derfor ville hun snarligt kontakte Amtsrådsforeningen. Hun havde også forståelse for, at Landsforeningen havde brug for økonomiske tilskud for at kunne fastholde det høje aktivitetsniveau, blot vidste hun ikke, hvor pengene skulle komme fra.

Det var selvfølgelig rart, at ministeren havde dæmpet sig og udtalt sig positivt om vores aktiviteter og Landsforeningens konkrete forebyggelsesplan, som lå til grund for mødet. At hun undskyldte for “kaninsagen”. Hun mente det måske af et godt hjerte. Men hun var stadig bundet af den daværende regerings strammerholdning på det økonomiske område og ville i stedet lade de amtskommunale budgetter holde for. Og nu skulle oplysningsindsatsen foregå via Amtsrådsforeningen, som bestemt ikke havde nogen erfaring på det område. Der var heller ikke tilsagn om generel økonomisk støtte til Landsforeningen i en tid, hvor foreningens ledelse havde meget mere end nok at gøre. Nej, det var ikke strålende lykke. Vi fik i virkeligheden en sludder for en sladder, intet forpligtende og slet ikke det, vi var kommet efter. Vores venner blev syge og døde, og så sjakrede departementet og ministeren bare videre ud i den uvirkelige verden. Det var helt uforståeligt og helt og aldeles utilgiveligt.

Der må alligevel være arbejdet videre med sagen både på embedsmandsplan og det politiske plan. For året efter begyndte der faktisk at ske lidt af det, som Landsforeningen havde foreslået.

Men først til erfaringerne med den ikke-statslige oplysning.

Amtsrådsforeningens oplysningsindsats

Amtsrådsforeningen nedsatte en styregruppe til at koordinere informationsindsatsen. Gruppen bestod i første omgang af repræsentanter fra Amtsrådsforeningen, Indenrigsministeriet, Sundhedsstyrelsen, Frederiksberg og Københavns kommuner samt Lægeforeningen. Det var selvfølgelig et ærværdigt selskab, men Amtsrådsforeningen udviste dels den på det tidspunkt sædvanemæssige manglende lyst hos myndighederne til at høre på bøssers og lesbiskes synspunkter, dels viste amtsrådsforeningen sit manglende kendskab til bekæmpelse af en smitsom sygdom som aids ved ikke at invitere repræsentanter for målgruppen (Landsforeningen) med. Det lod vi selvfølgelig via medierne og politiske og sundhedsfagligt relevante beslutningstagere ikke gå stille af.

Derefter blev Landsforeningen et meget aktivt medlem af styregruppen og af undergrupper. I første omgang repræsenteret af Henning Sandau og Bent Hansen.

De første diskussioner handlede om information til hele befolkningen og til målgruppen bøsser.

Informationen til hele befolkningen endte med en husstandsomdelt pjece med et isbjerg på forsiden, sandsynligvis som en illustration af, at man endnu kun kendte "toppen af isbjerget" om smitte og sygdom. Ufarligt. No problem.

Derimod voldte informationen til bøsserne større problemer, fordi vores repræsentant i den arbejdsgruppe, der skulle udarbejde informationen, Bent Hansen, ønskede et meget mere direkte sprog om seksuel adfærd, der kunne medføre smitte, end Amtsrådsforeningen var beredt på. Igen et eksempel på, at de var umodne til opgaven. Hvordan skal man kunne advare om smitteveje, hvis man ikke må omtale dem i et klart, tydeligt og umisforståeligt sprog?

Det voldte fx problemer i forbindelse med en række labels, som Landsforeningen gerne ville sende ud sammen med "folkepjecen", og i forbindelse med produktion af en video henvendt til bøsser. Især videoen vakte da også forargelse i kirkelige og småborgerlige kredse, som ikke interesserede sig for sygdomsbekæmpelse, men kun deres egen moral.

Ud over disse tiltag foreslog vi, at der skulle oprettes en døgntelefon, og at amterne burde supplere skriftlig information med mundtlig information til personalemøder eller kurser. Det resulterede i de såkaldt amtslige "nøglepersoner", som tog ud på kommunale og regionale institutioner for at informere om hiv/aids.

Sundhedsstyrelsen tager over fra Amtsrådsforeningen

I 1986 lykkedes det at få afsat særlige midler til både Landsforeningen og Sundhedsstyrelsen til aids-bekæmpelse.

Ingen tvivl om, at smittetallene, sygdomstallene og dødstallene lagde et voldsomt pres på det kliniske niveau og dermed på Sundhedsstyrelsen. Som selvfølgelig så efterfølgende lagde pres på departementet.

At problemets tiltagende alvor alligevel endnu ikke var gået op for den daværende borgerlige regering - eller også ville de bare ikke afsætte midler - viste sig ved, at der ikke var afsat en øre på finansloven for 1986. Men der blev senere fremsat et aktstykke af et flertal uden om regeringen (som bevillinger hedder, når det er uden for finansloven) om at bevilge 1,5 mio. kr. til Sundhedsstyrelsen til aids-oplysning mv. Det blev til det senere aids-sekretariat, som i de kommende år forestod den nationale indsat mod aids. Midlerne skulle også anvendes til oprettelse af en telefonservice som led i det informationsarbejde, som Landsforeningen udførte i forbindelse med aids, helst i regi af Landsforeningen for at kunne udnytte det frivillige arbejde og foreningens troværdighed i miljøet.

Indenrigsministeren rejste til USA i foråret 1986, hvor hun blev meget begejstret for de såkaldte “hot lines” - dvs. de telefontjenester, som vi tidligere havde foreslået.

Folketingets kommunaludvalg (sundhedsudvalget) tog til Amsterdam, også i 1986. Med på turen var bl.a. udvalgets formand, tidligere socialdemokratisk justitsminister Henning Rasmussen, Asbjørn Agerschou fra SF og Jørgen Lenger fra VS, som var gode støtter – blandt andet i forbindelse med folketingets vedtagelse af principperne for aids-bekæmpelsen i 1987.

Et udkast til disse principper blev faktisk skrevet på en serviet på en bøssebar i Amsterdam, da kommunaludvalget og Henning Rasmussen var var på studiebesøg for at se, hvordan Landsforeningens hollandske søsterorganisation, COC, greb aids-situationen an. Henning Rasmussen var med på baren, skønt han bestemt ikke var bøsse og også helt klart var afholdsmand, har Jørgen Lenger senere fortalt.

Men som traditionen efterhånden bød, blev sådan et aktstykke (bevilling af midler i Finansudvalget) ikke vedtaget uden Landsforeningens medvirken. Det gjorde heller ikke kommunaludvalgets besøg hos søsterorganisationen i Amsterdam.

Lad os tage det sidste først. Landsforeningen var i tæt kontakt med COC, for at de kunne give de for os mest relevante oplysninger til udvalgets medlemmer. Efter turen skrev de to SF- og VS-repræsentanter i forbindelse med debatten om princip-dagsordenen i folketinget i 1987, at Danmark og Holland havde samme grundholdning til aids, nemlig frivillighed, individuel motivation, individuelt og samfundsmæssigt ansvar og oplysning. Læg hertil Henning Rasmussens holdning til principperne for aids-bekæmpelse, som skrevet på servietten. En behagelig cocktail for os.

Og så til aktstykket. Her var vi også stærkt involveret, ikke kun fordi det efterhånden var traditionen og ambitionen, men også fordi det politiske system og sundhedssystemet så behovet for at inddrage bøsserne i informationsindsatsen. Landsforeningen var den direkte kilde til målgruppen.

I løbet af sommeren 1986 havde vi flere møder i Sundhedsstyrelsen med Michael von Magnus og medarbejdere for endeligt at kunne formulere aktstykket, også med økonomiske behov.

Holdningen, argumenterne og synspunkterne i aktstykket var i høj grad de samme, som vi tidligere havde givet udtryk for. Selvfølgelig med baggrund i møderne med Sundhedsstyrelsen. Og alt andet ville også have været overraskende, netop fordi Landsforeningen var den direkte kilde til målgruppen, men naturligvis også, fordi Landsforeningen havde formået med talent og stor energi at sætte sig igennem i både det sundhedsmæssige system og hos de relevante politikere.

I 1986 var Knud Enggaard blevet ny indenrigsminister, og dermed ansvarlig for sundhedsområdet. Han blev inviteret til at besøge Landsforeningen i huset i Knabrostræde 3 i København, hvor han gav udtryk for, at han var enig med os om, at der ikke skulle bruges nogen form for lovgivningsmæssig tvang i aids-forebyggelsen, men frivillighed og oplysning. Til gengæld var heller ikke han indstillet på at bevilge statslige midler til Landsforeningen, heller ikke til aids-bekæmpelse. Men det kunne blive til en døgn-telefon (hot line), som også var et af vores ønsker i aids-bekæmpelsen. Det ville (også han) tale med de kommunale organisationer om, for han var villig til at forsøge at finde midler på de amtslige og kommunale budgetter. Den borgerlige regering ville ikke lade det finansiere over finansloven. Så der var begrænset glæde over løfterne, og heller ikke mere.

Landsforeningen ydede allerede ud over det umulige. Alle i ledelsen og mange nye frivillige var presset til bristepunktet. Vores venner blev syge og døde. Så kampen måtte fortsætte. Vi var stålsatte.

Men trods alt kom der nu midler til det, der senere blev kaldt Aids-Linien, og som blev drevet i Landsforeningens regi med stor energi og entusiasme.

Der kom også midler til Sundhedsstyrelsen, som kunne oprette et aids-sekretariat, hvor én af de første ansatte blev den hidtidige formand, Henning Sandau, som nu efterhånden var blevet en erfaren aids-bekæmper. I tidens løb skulle det dog vise sig at være en ikke helt uproblematisk ansættelse, fordi kritikere af Sundhedsstyrelsens indsats nu havde et argument for at kunne påkalde sig "ensidighed" i bøssernes favør. Og det var der nogen, der gjorde (blandt andet de sædvanlige højre-kristne og venerologerne, som var imod den førte politik, fordi de ville have aids ind under kønssygdomslovgivningen) og Sundhedsstyrelsens senere direktør Palle Juul-Jensen. De kunne dog ikke gøre noget ved det, for kontorchefen, Michael von Magnus, stod i vejen med sine gode kontakter til både den kliniske verden og til departementet.

Folketinget vedtager de principper, som skal være gældende for aids-bekæmpelse

Det blev senere klart, at den kæmpeindsats og energi, Landsforeningen lagde i at bidrage til folketingets formulering af principperne for aids-bekæmpelsen i Danmark, skulle vise sig mere end indsatsen værd. Principperne kom til at gælde i hele den tid, hvor der blev foretaget store indsatser for at forebygge smitte med hiv og aids.

Det skulle også vise sig, at principperne i sit indhold var identiske med de principper, som vi havde nævnt i forbindelse med udarbejdelsen af den første aids-redegørelse i 1985. Det var reelt Landsforeningens principper og holdninger, der influerede stærkt på al fremtidig forebyggelsesindsats over for aids her i landet. Landsforeningen var jo også den direkte "gateway" til den største og vigtigste målgruppe.

Da et folketingsflertal for en bestemt holdning jo ikke fremkommer af sig selv, gennemførte Landsforeningen en meget effektiv holdningspåvirkning over for de relevante politikere. Det havde foreningen efterhånden god erfaring med, både vedr. aids og vedr. registreret partnerskab - og en række andre sager.

Foreningen formåede at overtale formanden for kommunaludvalget, Henning Rasmussen fra socialdemokraterne, til at rejse en forespørgselsdebat i folketinget om aids-initiativer. Debatten skulle helst munde ud i et dagsordensforslag om den fremtidige aids-indsats, og selvfølgelig også en bevilling af midler til Landsforeningen.

Vi tog også kontakt til socialdemokraten Dorte Bennedsen og hun kontaktede alle partier, som ville kunne forventes at stemme for en dagsorden til fordel for Landsforeningen og Landsforeningens principper.

Landsforeningen udarbejdede en "ønskeseddel" til en motiveret dagsorden indeholdende bl.a. støtte til forskning, almen oplysning, rådgivning til de udsatte grupper (bøsserne og bløderne og narkomanerne) - og naturligvis den aldeles tiltrængte økonomiske støtte til finansiering af Landsforeningens efterhånden meget omfattende indsat på aidsområdet.

Og ikke nok med det. Vi sendte breve til alle folketingsmedlemmer og kontaktede relevante journalister, samt plantede en artikel i Politiken - og inviterede folketingets relevante udvalg til det store charmebesøg inkl. forfriskning i foreningens domicil i Knabrostræde i København.

"Folketinget bekræfter, at den danske indsats mod sygdommen aids fortsat bygger på frivillighed, anonymitet, åben, direkte og ærlig information, den enkeltes tryghed ved at henvende sig til sundhedsmyndighederne, samt ønsket om at undgå enhver form for diskrimination".

Men det var ikke kun en sejr for Landsforeningen.

Nu var homoseksuelles livsformer generelt med den megen medieomtale af aids kommet frem i lyset, og Landsforeningen var efterhånden blevet en anerkendt samarbejdspartner for myndighederne og var blevet meget synlig i det daglige mediebillede. De mange fremtrædener af foreningens formand og andre i monopol-tv og de fremherskende dagblade hjalp selvfølgelig på vej. Og det gjorde Radio Rosa også, efter at den blev oprettet i 1984. På det lovgivningsmæssige plan kan man måske hævde, at den større synlighed og accept og sammenkoblingen af aidsbekæmpelsen og muligheden for at sikre samliv i registreret partnerskab har hjulpet til folketingets vedtagelse af antidiskriminationslovgivningen i 1986 og lovgivning om registreret partnerskab i 1989.

Og når der er gensidig respekt, kommer der til tider uventede resultater ud af det.

Organisationen

Som et led i oprustningen over for sygdommen nedsatte Landsforeningens hovedbestyrelse allerede i september 1983 et aidsudvalg. Udvalget havde basis i foreningens ledelse og blev suppleret med først venerisk udvalg og senere sundhedsudvalget.

I 1985 blev aids-arbejdet yderligere centraliseret i aids-aktionsudvalget (AAU), hvis første medlemmer blev landsformand Henning Sandau, næstformand Bent Hansen, hovedkasserer Steffen Jensen og Jesper Jarmbæk fra hovedbestyrelsen/forretningsudvalget samt Lars Bo Bülow og Jan Fouchard fra Sundhedsudvalget. AAU blev det helt centrale udgangspunkt og koordinationscenter for Landsforeningens hiv/aids-indsat i de kommende mange år.

Landsforeningen vedtog en meget ambitiøs plan for bl.a. at imødegå den sensationsprægede fremstilling i medierne, der bragte overskrifter som "Guds straf", "Bøsser får lettere kræft", "Unge homoseksuelle får gammelmandssygdomme" og "Uenighed blandt lærde om sammenhæng mellem snifferkræft og syfilis". Og et af de første aidsdødsfald fik en meget sensationspræget omtale i Ekstra Bladet i en giftig cocktail af uvidenhed og sensationslyst. Der var også enkelte tilfælde af homofobi. Dette var meget ubehageligt - ikke bare for dem, der blev smittede og syge, men også for dem, der var så tæt på dem, det gik ud over.

Tilskud til det forebyggende arbejde

Tilskuddene til foreningens aids-arbejde begyndte i 1986, Københavns Kommune gav et tilskud til en aids-rådgiver på 150.000 og staten 864.000 kr. til forskellige forebyggelsesinitiativer, herunder ikke mindst Aids-Linien. Tilskuddene voksende herefter gradvist år for år og var i 1990 oppe på 8.024.000 kr. Udover Aids-Linien og de forskellige forebyggende aktiviteter var nu også Stop-Aids-Kampagnen født. Tilskuddene toppede i 1992 med 11.115.000 kr. og udgjorde i 1993 9.883.000 kr. På det tidspunkt var der ansat 14 medarbejdere til det aids forebyggende arbejde.

Men der kom ikke noget generelt driftstilskud til Landsforeningen, heller ikke selv om folketinget (verbalt) lagde vægt på betydningen af øget ressourceanvendelse på oplysning til unge, støtte til de involverede grupper og organisationer, samt rådgivning og vejledning til forskning og indsats mod narkomisbrug. Tomme, tomme ord. Det lykkedes dog senere at få et generelt tilskud, men kun for året 1988.

Og hvad var det så der skete i de år?

I årene fra midt i 1980'erne til langt op i 2000-årene var Landsforeningens adresse i Knabrostræde i København nervecenter for en række initiativer og aktiviteter omkring hiv/aids-formation og –forebyggelse. Det byggede på få ansatte finansieret over finansloven og mange, mange frivillige, der lagde tid og kræfter i at kontakte målgruppen "bøsser og andre mænd, der har sex med mænd".

Blandt de større aktiviteter kan nævnes:

- AIDS-Fondet
- Aids-Linjen
- AIDS-Info, Fyn
- STOP AIDS-kampagnen (PAN-Bladet, Radio Rosa, STOP AIDS-nyhedsbrev, foldere, pjecer, Oaseprojekter, psykosocial indsats – rådgivning, besøgstjeneste, Hiv-pensionatet).

AIDS-fondet

Regeringens manglende vilje til at gribe ind over for aids-epidemien i begyndelsen af v1980'erne førte til at Landsforeningen sammen med en gruppe læger tog sagen i egen hånd og grundlagde AIDS-Fondet i 1985.

Landsforeningen havde fået god kontakt til de sundhedsfaglige beslutningstagere på det kliniske område, især overlægerne på de hospitalsafdelinger i København (Rigshospitalet og Hvidovre Hospital), som dengang var de store behandlingssteder for aids, og vedblev med at være det, selv om epidemien desværre også spredtes videre rundt i landet, især til de større byer.

Der var utilfredshed med den daværende regerings manglende vilje til at se et alvorligt og for mange livstruende problem i øjnene, blot fordi det kostede penge. Og i regeringen forstod man tilsyneladende ikke - eller ville ikke vide - hvad en epidemi var. Det vil sige, man forstod ikke, at små tal bliver til store tal. Der var kort sagt ikke vilje til at foretage en afgørende indsats for at forebygge smitte og heller ikke til behandling af smittede og syge på hospitalerne. Om det kun handlede om (statens) økonomi, eller om det også spillede ind, hvem sygdommen primært ramte, får vi nok aldrig afklaret.

Hvorom alting er, trådte nogle brave personer i karakter. Nemlig de ansvarlige overlæger på Rigshospitalet, Viggo Faber, og på Hvidovre Hospital, Jens Ole Nielsen. Man kunne da bare oprette en fond.

Nå, ja, bare og bare. Der skulle skaffes en fondskapital, men det lykkedes gennem dels en indsamling blandt Landsforeningens medlemmer dels gennem et tilskud fra Ålborglegatet. Vi inddrog foreningens advokat, Ebbe Holm, som havde kontorer en etage under foreningen i Knabrostræde 3. Det blev til AIDS-fondet med Viggo Faber som den første formand og med Ebbe Holm som fremragende sekretær. Også Jens Ole Nielsen blev et aktivt bestyrelsesmedlem, og foreningen blev repræsenteret af landsformanden, Henning Sandau, og af tidligere næstformand og daværende sekretariatsleder, Bent Hansen.

Andre velgørende fonde var selvfølgelig forbilleder. Og i lighed med Kræftens Bekæmpelse blev formålet med AIDS-Fondet at indsamle midler til forebyggelse, behandling og forskning.

AIDS-Fondet blev hurtigt en selvstændig, mainstream organisation højt profileret i medierne – den røde aids-sløjfe fra USA blev også ”moderne” i Danmark, lige som indsamlings- og støttevents kom på dagsordenen. Landsforeningen nedtonede bevidst sine ”aktier” i AIDS-Fondet, og i dag ved de færreste ”almindelige mennesker”, at vi var initiativtagere.

Aids-Info, Fyn

Aids-arbejdet nåede også til Fyn, hvor Landsforeningens Fynsafdeling oprettede Aids-Info, Fyn, i 1985, og som i de kommende år gjorde et stort arbejde for at forebygge spredningen af epidemien

I begyndelsen af 1980'erne fik Landsforeningens Fynsafdeling en ny kreativ, karismatisk og energisk formand: Poul Madsen, og han indså også hurtigt, hvilken fare aids-situationen kunne blive for det bøsse-lesbiske miljø på Fyn. Han gik derfor i gang med at mobilisere og uddanne lokale frivillige til at oplyse om aids. Han forhandlede med politikerne i Fyns Amt om bevilling til oprettelse af Aids-Info, Fyn, som også omfattede penge til oprettelse af en oplysningstelefon med frivillig døgnbetjening.

Denne telefontjeneste blev en realitet fra december 1985, og Poul vidste, hvor vigtigt det var at samarbejde tæt med kendte og vigtige politikere i området, da det gav synlighed og lettere adgang til pressen. Han fik bl.a. inddraget Ritt Bjerregaard, som på dette tidspunkt var opstillet i en kreds på Fyn. Ritt var et stærkt kort for Aids-Info, Fyn, og som hun selv på et tidspunkt sagde til Poul: ”Det er helt fint, at du inddrager mig i sagen. Jeg er jo ikke nogen hvem som helst.”

I løbet af årene voksede Aids-Info, Fyn. De flyttede til større lokaler, kunne ansætte personale og åbne Danmarks første kondomeri. Poul var særdeles elsket både i det lokale bøsse-lesbiske miljø og blandt de frivillige og ansatte i Aids-Info. Han lagde stor vægt på ordentlig uddannelse og pleje af frivillige og var også noget af en entertainer, når der blev holdt fester. Han sang godt og spillede naturligvis også guitar.

Poul tog selv ivrig del i det opsøgende og oplysende arbejde. Han blev især landskendt under navnet ”Gummi-Madsen”, fordi han igen og igen gjorde reklame for smitteforebyggende brug af kondom.

Poul døde alt for tidlig i 2001, kun 49 år gammel efter i 16 år at have været en enestående drivkraft og leder af informationscentret Aids-Info, Fyn. Men flere af de initiativer, som Poul søsatte, eksisterer stadig i dag bl.a. kondomeriet og hiv/aids-rådgivningen, som begge stadig ligger i Odense.

Aids-Linien

Landsforeningen var det naturlige sted for mange at henvende sig for at få informationer om aids, og for at kunne give kvalificeret rådgivning, blev Aids-Linjen etableret i 1986.

Efterhånden som smittespredningen tog til i begyndelsen af 1980'erne, steg også antallet af telefonopkald til Landsforeningen. Fortvivlede mennesker, som havde mange spørgsmål om denne mystiske sygdom, som tilsyneladende især ramte bøsser. Det føltes derfor naturligt at kontakte bøssernes organisation - som naturligvis måtte vide besked. Det gjorde vi selvfølgelig ikke, og vi kunne lige så lidt som lægerne svare på alle spørgsmålene.

Foreningens ledelse hentede inspiration i USA, hvor effektivt oplysende telefontjenester "aids-hotlines" fungerede. De var relativt billige i drift, da de var drevet af frivillig arbejdskraft. Derfor arbejdede foreningen ihærdigt for, at vi også i Danmark fik oprettet en sådan "Aids-Linje" med få ansatte og mange frivillige.

Foreningen talte imidlertid for døve politiske øren. Først i foråret 1986 tog indenrigsminister Britta Schall Holberg selv til USA og udtalte stor begejstring for de aids-hotlines, hun havde set i funktion. På det tidspunkt behøvede ministeren blot være taget til Fyn (hvor hun i øvrigt selv boede) for at konstatere, hvor god en idé Aids-info, Fyns døgntelefon var.

Det blev ikke Britta Schall Holberg, som sørgede for en bevilling til Landsforeningen for at kunne oprette Aids-Linjen, men Knud Enggaard, som havde overtaget Brittas ministerium. Knud Enggaard fik vedtaget en bevilling i finansudvalget. Selvom Amtsrådsforeningen havde beregnet, at det ville koste 7 mio. kr. at drive en landsdækkende oplysningstelefon, tilbød Landsforeningen at gøre det for 1 mio. kr.

om året, idet telefonrådgivningen skulle varetages af frivillige og ulønnede rådgivere samt meget få ansatte.

Den 3. november 1986 kunne sundhedsstyrelsens nyudnævnte chef for aids-sekretariatet Lone de Neergaard åbne Aids-Linjen i Landsforeningens lokaler. Herefter kunne hele befolkningen få en rådgiver i røret fra kl. 9.00 til 23.00 alle ugens dage året rundt. Antallet af opkald var enormt og uventet stort. 1.400 ringede de første 14 dage, og det første år kom tallet op på 30.000, fra omkring 30 på sløve dage og op til 350 daglige henvendelser. Ved telefonerne sad på skift 30 frivillige og 3 nyansatte, hvoraf få var lesbiske, mange bøsser - men flest heteroseksuelle. Alle var blevet oplært på et netop afholdt kursus og blev løbende holdt opdaterede med ny viden, samtaleteknik og supervision.

Aids-Linjen fik et eksperimentelt præg over sig ved at være det første projekt, hvor en privat interesseorganisation i samarbejde med sundhedsmyndighederne modtog statstilskud til specifik sygdomsbekæmpelse og forebyggelse, og hvor den primære indsats blev foretaget ved hjælp af frivillig, ulønnet arbejdskraft.

Aids-Linjen høstede gennem årene stor anerkendelse og ros for sit store og flotte arbejde. Undervejs udvidede Aids-Linjens sit repertoire til også at kunne rådgive om de øvrige seksuelt overførte infektioner.

Da Landsforeningen fik økonomiske problemer i 1994, overgik administration af Aids-Linjen til foreningen Sex og Samfund, og efter nogle år videre til foreningen Hiv-Danmark og endelig på krav fra Sundhedsstyrelsen i 2012 til Aids-Fondet.

På trods af de skiftende administrerende foreninger har Aids-Linjen gennem alle årene stort set haft den samme interne og meget demokratiske ledelse. Der var altid fokus på, at de mange frivillige havde stor medindflydelse, fik løbende uddannelse og god "medarbejderpleje". Det har betydet, at mange af de frivillige forblev frivillig på Aids-Linjen i mange år – ja, nogle i op til 30 år.

I efteråret 2016 omstruktureredes Aids-Fondet, og ledelsen af Aids-Fondet valgte at sende alle Aids-Linjens frivillige hjem, fyre de ansatte og indskrænke åbningstiden til 4 timer (kl. 10-14 og kun på hverdage). Dette skete blot én uge før Aids-Linjen havde kunnet fejre sin 30-års fødselsdag. I frustration og skuffelse valgte de fyrede frivillige og ansatte at oprette en ny Aids-Linje, som holder supplerende åbent alle ugens dage.

STOP AIDS-kampagnen

For mange, der var unge i 1980'erne står STOP AIDS-kampagnen stadig på nethinden. Landsforeningen arbejdede sammen med Sundhedsstyrelsen om at finde de budskaber og virkemidler, der ville fungere over for målgruppen.

Landsforeningens veneriske udvalg havde allerede fra midt i 70'erne produceret oplysende pjecer om kønssygdomme, især syfilis, gonorré og klamydia, til uddeling i bøssemiljøet: Barerne, saunaerne og de såkaldte "suttebikse" mv. Nu skulle indsatsen kraftigt styrkes med oplysning om aids, og en stor gruppe af frivillige skulle mobiliseres og uddannes til at varetage opgaven. Københavns Kommune bevilgede de første penge, så Landsforeningen i 1986 kunne ansætte sin første aids-konsulent.

Det blev den nyuddannede læge Jan Fouchard, der fik jobbet, der i første omgang gik ud på at koordinere de mange frivillig-initiativer og uddanne de frivillige, så de dels havde den nødvendige faglige viden og dels blev i stand til at kommunikere effektivt med mændene i de forskellige bøssemiljøer.

Det var ikke nogen nem opgave og også en helt ny rolle for foreningen, som skulle finde sine egne ben som arbejdsgiver.

I sommeren 1986 afholdt Landsforeningens Aids-aktionsudvalg en tænketank på Tidens Højskole, hvor man i løbet af en uge udarbejdede et kreativt kampagnekatalog, der indeholdt en lang række ideer om oplysning og aktioner varetaget af et kassesystem af nye grupper samlet i et overskueligt organisationsdiagram med Aids-aktionsudvalget som styrende funktion.

De nødvendige mange frivillige blev rekrutteret ved et hververmøde i Pan Disco, hvor over 100 mennesker dukkede op. Mere end halvdelen meldte sig som aktivister for at dække de mange nye initiativer. ”Sikker Sex-gruppen” og ”Gå-ud-gruppen” skulle stå for de opsøgende projekter, der tog rundt i bøssemiljøerne og informerede, aktionerede, spredte viden og bearbejdede holdninger. Disse grupper blev forsynet med nye materialer udarbejdet af en ”PR-gruppe”.

Den nyeste viden skulle indsamles og spredes af ”Aids-Nyhedstjenesten” såvel i nye som i gamle medier som Pan-Bladet og Radio Rosa.

Det lykkedes at nedsætte alle disse nye grupper, selvom aids-konsulenten have sit hyr med at holde styr på de energiske og nogle gange måske lidt for kreative aktivister. I forlængelse af også statslige bevillinger til Landsforeningens hiv/aids-arbejde blev det også muligt at ansætte flere medarbejdere til at højne det faglige niveau i foreningens medier, i forbindelse med den psykosociale indsats, i forhold til arbejdet i provinsen og i forhold til unge bøsser.

Foreningen lagde stor vægt på i sine oplysende materialer altid at bruge et direkte og ærligt sprog, som bøsser forstod og derfor lyttede til – samlet i sætningen ”Brug kondom, når du boller – undgå sæd i munden”. Det faldt i de første år nogle medier og politikere for brystet, at materialer med en sådan sprogbrug skulle finansieres af offentlige midler. Men foreningen havde Sundhedsstyrelsen på sin side, da styrelsen også mente, at man skal bruge målgruppens sprog og billedmateriale, som målgruppen kan identificere sig med, når man vil ud med så vigtige og nødvendige budskaber.

Efter nogle få år kunne STOP AIDS-kampagnen supplere sine aktiviteter med også at uddele gratis kondomer og glidecreme på bøssebarerne og i de erotiske oaser som Ørstedsparken, Amager Fælled, Utterslev Mose o.l.

Gennem mange år havde Radio Rosa hver anden uge en to-timers udsendelse om hiv/aids, lige som PAN-Bladet hver måned havde fire sider om emnet. Stofområdet var mangeartet og set med nutidens øjne utroligt detaljeret. Det rakte fra medicinsk opdatering, herunder kriterier for forskellige forsøg med nye mediciner til interviews med hivsmittede/aids-syge og nyheder fra begivenheder i miljøet.

Artikler og udsendelser blev læst og hørt - landets bøsser var meget interesserede i emnet, og det var ofte nødvendigt at give et mere nuanceret billede, når de større medier slog såvel negative som positive nyheder alt for pessimistisk eller optimistisk op. Igen og igen måtte STOP AIDS-kampagnen være ”lyseslukker”, når en ny mirakelkur havde været på forsiden af et dagblad, selv om medicinen kun virkede i reagensglasset.

STOP AIDS-kampagnens nyhedsbrev ”STOP AIDS” gik hver fjortende dag ud til mere end 1.000 interesserede nøglepersoner inden for politik, medier og sundhedsvæsen, som her blev opdateret med udviklingen. Hver gang krydret med en ”vittig kommentar” i talebobler fra to afklædte mænd i silhuet.

Selvejende og fusioneret
På grund af Landsforeningen betalingsstandsning i 1994 blev STOP AIDS-kampagnen udskilt fra foreningen og fortsatte i en særlig selvejende institution "Stop Aids - bøssernes hiv-organisation", for så i 2012 efter krav fra Sundhedsstyrelsen at blive fusioneret med AIDS-Fondet, hvor Stop Aids siden har levet en temmelig usynlig tilværelse.

Oase-projekter ude og hjemme – Hot and Safe

Som nævnt stod STOP AIDS-kampagnen for at dele gratis kondomer og glidecreme ud på bøssebarerne og i de erotiske oaser som Ørstedsparken, Amager Fælled og Utterslev Mose, hvor bøsser og andre mænd, der har sex med mænd, mødes.

Denne aktivitet blev først i 1990'erne udvidet, da EU afsatte et større beløb til støtte af hiv-forebyggende projekter. Landsforeningens STOP AIDS-kampagne søgte om – og fik - støtte til kampagner på to af de mest populære feriesteder for bøsser i Europa: Gran Canaria og Ibiza. Mange af os havde selv holdt ferie ved Playa del Ingles på Gran Canaria med den dejlige strand og Yumbo Centret med alle barerne og restauranterne. På Ibiza var det især Salinas stranden i nærheden af Ibiza by, der tiltrak mange bøsser hver sommer. Ligesom der sandelig også var gang i den om aftenen og natten på byens mange barer og diskoteker for homoer.

Der blev rekrutteret et stort antal frivillige, som skulle hjælpe med at uddele oplysende materialer, kondomer og glidecreme dels på strandene om dagen dels på barerne om aftenen og natten. Mange frivillige var interesseret i at komme en tur til Gran Canaria eller Ibiza, og daværende leder af STOP AIDS-kampagnen Jakob Haff og sekretariatsleder Bent Hansen udvalgte de heldige efter omhyggelige interviews med hver enkelt, så vi sikrede os, at kun de helt rigtige blev sendt af sted, herunder naturligvis dem selv!

Vi samarbejdede i øvrigt med vores svenske søsterorganisationer og kaldte kampagnerne ”Hot and Safe” – den fik det ultimative PIKtogram som logo. Der blev fremstillet forskellige materialer til uddeling ud over naturligvis kondomer og glidecreme. Det drejede sig f.eks. om lightere og øloplukkere med ”Hot and Safe”-logoet på. Desuden fik vi fremstillet særlige Hot and Safe T-shirts til de frivillige.

Projekterne handlede ikke blot om at uddele gratis kondomer og glidecreme, men også om at gå i dialog med de ferierende bøsser om sikker sex og sexadfærd. Og Hot and Safe-projekterne blev en stor succes – både blandt turistbøsserne og blandt de frivillige. Senere søgte vi EU om støtte til også at forsøge os i den meget populære bøsseby Sitges i nærheden af Barcelona – men EU ville desværre ikke lege med mere.

Det psykosociale - Hiv Pensionatet

STOP AIDS-kampagnen havde også aktiviteter, der henvendte sig til hiv-smittede og deres nærmeste for at tage om de sociale aspekter. Mange hiv-smittede mænd viste sig at være relativt ressourcesvage personer, hvilket de selvfølgelig ikke blev mindre grad ved at få hiv/aids. Aktiviteterne handlede om rådgivning og uddannelse, og i nogle år fungerede også en besøgstjeneste. Men det største enkelte tiltag blev lagt uden for selve Landsforeningen: Hiv Pensionatet.

Inspireret af et projekt i San Francisco fostrede Landsforeningens første aids-konsulent, læge Jan Fouchard idéen til et bo- og værested for hiv-smittede og deres pårørende allerede i 1987, men der skulle gå flere år, før idéen kunne føres ud i livet. Der blev nedsat en projektgruppe, som ud over Jan bl.a. omfattede to ildsjæle, der fik stor betydning for projektets udformning, nemlig socialrådgiver Lis Larsen og oversygeplejerske Kis Hansen.

Tanken var, at hiv-smittede, der ikke var syge nok til at være indlagt på et hospital, men alligevel havde behov for psykosocial støtte og omsorg, og pårørende som havde behov for aflastning, skulle kunne bruge bostedet – som senere blev til Hiv Pensionatet – i kortere eller længere tid. Pensionatet skulle placeres i københavnsområdet – hvor de fleste hiv-smittede boede – og derfor var det oplagt, at de hospitalskommuner og – amter, der ville nyde godt af projektet, også skulle medfinansiere det.

Der viste sig særdeles vanskeligt at skaffe finansiering til projektet. Vi fik hurtigt tilsagn om støtte fra staten, ikke mindst takket være folketingsmedlem Torben Lund (Socialdemokratiet), mens Københavns og Frederiksberg kommuner og Københavns Amt mildest talt var modvillige. Private fonde ville gerne støtte projektet, hvis kommunerne gjorde! Bl.a. kunne vi overtage et privat plejehjem i Valby, som efter ombygning og modernisering ville være særdeles velegnet til formålet.

Efter en vellykket pressekampagne lykkedes det i 1992 at få tilsagn fra de tre kommunale enheder, som tilsammen ville betale for 9 af de 10 pladser, der skulle være på pensionatet. Den 10. plads skaffede vi penge til fra private fonde.

Landsforeningen etablerede den selvejende institution "Fonden HIV-Bo-projektet", som skulle etablere og drive pensionatet. Bestyrelsen bestod af repræsentanter for initiativtagerne, Positivgruppen og Hiv Danmark og Landsforeningen, hvor Steffen Jensen var foreningens repræsentant i de første år.

Hiv Pensionatet blev drevet af en gruppe ansatte og en stor gruppe frivillige, og på den måde blev projektet også et pilotprojekt om samarbejde mellem brugere, frivillige, interesseorganisationer og det offentlige sundhedsvæsen.

Pensionatet åbnede marts 1993 – seks år efter idéen var opstået – og efter nogle skærmydsler med ansatte, som ikke forstod, hvad det betød at have en ledelse i en organisation, kom pensionatet hurtigt i god gænge, og vi kunne konstatere, at behovet bestemt var der. Belægningsprocenten var det meste af tiden op mod de 100 pct.

De ansatte og de frivillige tog sig i fællesskab af beboerne og øvrige gæster, som brugte stedet som værested i dag-og aftentimerne. Mange hiv-smittede og pårørende havde stor glæde af den hjælp, rådgivning og støtte, de kunne få netop på Hiv-Pensionatet. Dertil kom, at beboerne fik god og nærende kost meget tit afstemt efter den enkeltes behov under hensyntagen til vedkommendes helbredstilstand. Da behandlingsmulighederne af hiv-infektionen blev bedre efter 1996, hvor kombinationsbehandlingen blev introduceret, blev beboerne hjulpet med at fastholde deres behandling, idet behandlingen de første år desværre var forbundet med mange bivirkninger, og var en behandling, som kunne være svær selv at administrere, fordi de piller, man skulle tage, var mange og ofte skulle tages på forskellige og præcise tidspunkter. I sådanne situationer var det godt at kunne få hjælp af ansatte eller frivillige, som løbende blev opdateret om hiv/aids-situationen og den medicinske status.

Det var reglen, at Pensionatet ikke skulle blive beboernes varige hjem. Derfor kunne den enkelte beboer højst bo på Pensionatet i tre måneder. I løbet af opholdet var det hensigten, at beboeren var kommet så meget til hægterne, at han/hun kunne klare sig i eget hjem. Det var ikke altid det lykkedes, så indimellem fraveg personalet reglen om højst tre måneder, da der også kunne være beboere, som simpelt hen var hjemløse, så de kunne jo ikke bare sendes hjem, før personalet havde løst deres boligproblem fx i samarbejde med kommunen.

Personalet var hele tiden meget bevidst om, at beboerne tit ikke levede et let liv på tilværelsens solside. Derfor blev der altid lagt vægt på at give beboerne gode oplevelser, mens de boede der. Der blev tit arrangeret udflugter – ja, selv en tur til London for at se musicals kunne det blive til. For ikke at tale om de mange sjove og underholdende fester, Pensionatet lagde hus til.

Det var i øvrigt bemærkelsesværdigt, hvor gnidningsfrit det gik, at beboerne ofte var en blanding af bøsser, tidligere stofbrugere, heteromænd og -kvinder samt mænd og kvinder med afrikansk baggrund. Beboerne havde stor indflydelse på den daglige drift, som blev drøftet og tilrettelagt af et husråd, hvor både beboerne, personalet og de frivillige var repræsenteret. Af besparelsesmæssige grunde blev alle nattevagterne varetaget af de frivillige med en ansat som bagvagt.

Som årene gik, blev behandlingen af hiv bedre og bedre, antallet af piller færre og bivirkningerne mildere og mere udholdelige. Det betød også, at søgningen til Pensionatet blev vigende, og de 10 pladser var meget sjældent alle i brug. I løbet af 2005 signalerede de bevilgende myndigheder, at de med udgangen af 2006 var nødt til at stoppe støtten, da der – heldigvis – havde været så stort et fald i hiv-smittede, og der ikke var nok, der brugte det. På den baggrund besluttede Pensionatets daværende bestyrelse i enighed at afvikle Hiv-Pensionatet i god ro og orden. Pensionatet lukkede med udgangen af 2006 efter 13 succesfulde år.

Prøvede behandlingen på egen krop
I sidste halvdel af 1990'erne fik de ikke-smittede frivillige i STOP AIDS-kampagnen mulighed for selv at opleve det besvær, det var at være på datidens kombinationsbehandling. Det skete ved i en uge at skulle indtage pastiller og bolsjer afpasset i form og størrelse efter den rigtige medicin – vel at mærke på de samme tidspunkter og med samme restriktioner i løbet af døgnet for, hvornår man måtte spise – og hvornår man ikke måtte!

De mange grupper og aktiviteter inden for Landsforeningen

Ved siden af det politiske arbejde havde Landsforeningen to andre væsentlige arbejdsfelter, nemlig rådgivning og sociale/kulturelle aktiviteter. Der groede en lang række grupper frem, og foreningen drev også cafeer og diskoteker rundt om i landet.

Homoseksuelle optrådte nærmest aldrig i mainstream-medierne, og hvis de gjorde, var det sjældent et positivt billede, der blev tegnet. Derfor havde foreningen et stort bibliotek, eget blad og eget forlag, som var drevet af frivillige, bortset fra en betalt redaktør for de skrevne medier.

Mange af disse grupper og aktiviteter eksisterer den dag i dag. De var sociale eller havde til formål at oplyse om det at være LGBT-person. Det var de aktive selv, der tog initiativet, når nogen fik en idé, de gerne ville føre ud i livet. Grupperne og aktiviteterne blev nedsat på de medlemsmøder, der blev holdt med regelmæssige mellemrum, og hvor alle medlemmer kunne deltage og være med til at bestemme.

Myretuen i Knabrostræde 3

Landsforeningen købte i 1980 huset i Knabrostræde 3, der udviklede sig til en myretue af aktivister og aktiviteter.

Med købet af Knabrostræde i 1980 fik alle, der var aktive i foreningen, plads og velegnede omgivelser lige i smørhullet af Indre By i København at boltre sig på. Og det kom der meget ud af.

Huset blev et kulturelt, politisk og socialt aktivitetscenter, hvor alle bøsse-lesbiske grupperinger i Landsforeningen havde adgang til møde- og produktionsfaciliteter. Og de blev brugt, og ikke mindst kom der mange i PAN Café og PAN Disco i side- og baghusene.

I begyndelsen var dele af ejendommen lejet ud til erhvervslejemål, men efterhånden som lejerne flyttede ud, overtog Landsforeningen hele huset.

Udsnit af aktiviteter og grupper

I mødelokalerne mødtes de mange aktive grupper og aktivister. Bare for at nævne nogle af dem, så blev lokalerne brugt af: Hovedbestyrelsen og hovedbestyrelsens forretningsudvalg. Aids-aktionsudvalget. Gå-Ud-grupperne. Rådgivningen og Pan Information. Redaktionen af Pan-bladet. Faglige ligestillingsgrupper for bøsser og lesbiske. Forlaget Pan. Bogklubben. Aftenskolen for bøsser og lesbiske. Pan Idræt. Forberedelsesgruppen af filmfestivalen. Venerisk udvalg. Sociale grupper og basisgrupper. Kvinder over 40. Internationalt udvalg. Bygge- og Støttefonden. Og ikke mindst Københavnsafdelingen og afdelingens mange aktivister og grupper.

I midten af 1980'erne så placeringen af de enkelte grupper sådan ud:

Pan Bladets redaktion boede på 3. og 4. sal i baghuset over caféen, fordi der her også var plads til layout af bladet.

I forhusets kælder bibliotek og arkiv og bogcafé. På 3. sal mødelokaler, produktionslokaler, mødefaciliteter, kontorer til ansatte og Radio Rosa. Her var aktiviteter fra tidlig morgen til sen aften.

På et tidspunkt flyttede rådgivningen til lokaler på en anden etage, for at rådgivningen kunne foregå anonymt.

Rådgivningerne og Pan Information

Op gennem 1970'erne gennemførte Folketinget en række ændringer af den eksisterende lovgivning på det sociale område. Selvom disse ændringer ikke specifikt vedrørte bøsser og lesbiske, inspirerede de nogle bøsser og lesbiske, som arbejdede eller studerede indenfor de sociale, medicinske eller psykologiske områder til at danne et netværk, som førte til, at de efter grundig forberedelse henvendte sig til Landsforeningens forretningsudvalg og tilbød at overtage foreningens personlige rådgivning i København. Rådgivningen havde hidtil været varetaget af den tidligere landsformand Erik Jensen samt en ansat socialrådgiver.

Vi kunne ikke sidde et sådant professionelt tilbud overhørig, men betingede sig, at Erik Jensen fortsat skulle indgå i den ny rådgivergruppe. Dette accepterede gruppen, som i de kommende år varetog rådgivningen med stor succes og i et tillidsfuldt og godt samarbejde med foreningens ledelse.

Den nye struktur for rådgivningen i København blev efterhånden også indført i Århus og Aalborg.

Da Landsforeningen først i 80'erne flyttede til større lokaler i København, blev det også muligt at oprette en særlig oplysnings-og informationstelefon, som fik navnet 'Pan Information'. Pan Information var inspireret af blandt andet 'London Gay Switchboard', hvor man kunne ringe til, hvis man f.eks. var turist i byen og gerne ville vide, hvor bøssediskoteket lå.

Efterhånden som internettet blev udviklet, blev Pan Information overflødig, idet man nu kunne søge oplysninger om stort set alt på nettet. Derfor blev det besluttet at lukke Pan Information og takke alle de frivillige som gennem årene havde siddet og besvaret alle de mange opkald.

Nogle unge bøsser og lesbiske i foreningen tog desuden initiativ til at oprette en ungdomstelefon. De mente med god grund, at unge havde nogle særlige problemer, som de lettere kunne tale med andre unge om.

Både rådgivningen og ungdomstelefonen indgik i Radio Rosa som særlige redaktioner, og er i øvrigt aktiviteter, som Landsforeningen stadig driver i dag.

Pan-bladet

Pan afløste "Vennen" som medlemsblad i 1954. I begyndelsen havde det stadig kontaktformidling mellem "ligesindede" som kerneområde. Derudover var der oplysninger om kommende arrangementer, mødereferater, nyt fra ind- og udland.

Der var også debatindlæg og artikler af seksualpolitisk karakter, og der var ganske få indlæg og læserbreve fra læserne.

Fra 1970-erne havde bladet nærmest tidsskriftkarakter med kun lidt foreningsstof. Det blev derfor suppleret af lokale blade som "Københavns-Nyt", "Århus-Nyt mv. med oplysninger om kommende arrangementer og lignende

Efter den fremtrædende BBF'er Jens Henriksens fratræden som redaktør i årene omkring 1980 fortsatte bladet som en del af den seksualpolitiske bevægelse og debat. Redaktionen blev nu (i tidens tegn) kollektiv og bestod bl.a. af Wilhelm von Rosen, Vagn Søndergaard og Kurt Sandau.

Wilhelm bragte som historiker meget historisk stof ind i bladet, der nu nærmest havde mistet de sidste træk af at være et medlemsblad, selv om det stadig først og fremmest blev sendt til medlemmerne. Det blev også solgt fra enkelte bogcafeer og boghandlere og sendt i abonnement til biblioteker.

Det blev i denne periode næsten udelukkende produceret af frivillige. Det tekniske blev lavet på Barfodsformidlingen i Nyhavn - det var et sammenrend af privatpersoner, foreninger og bevægelser.

Senere overgik bladet til tabloidformat og blev uddelt som gratisavis i miljøet.

I 1982 blev det efter en lang debat i foreningen, hvor navnlig de lesbiske var meget forbeholdne eller snarere direkte modstandere, besluttet at forsøge at forbedre Pan Bladets økonomi ved en mere professionel tilgang til annoncesalg. Hidtil havde der kun været små rubrikannoncer og kontaktannoncer.

Vi ansatte Troels Lucas som annonceagent, og efter en lidt sløv start kom der gang i salget, men der var naturligvis også en heftig debat om, hvad vi så kunne annoncere for! Nogle af de kommercielle barer ville gerne have billeder i deres annoncer, billeder som af nogle blev opfattet som meget vovede eller endda anstødelige. Pan Bladet skulle jo gerne kunne ligge fremme på sofabordet, når familien kom på besøg, som nogle fremhævede.

Men efter nogle år fandt annoncerne sit leje, og der var annoncer i bladet så længe det udkom, og det vil sige kontinuert indtil 2007og yderligere i 2009.

Der har i tidens løb været flere forsøg på at udgive en 2. sektion af Pan Bladet. Det første var *Xpansion,* som udkom i perioden 1994-98., Udgivelsen begyndte lige efter Landsforeningens økonomiske kollaps i 1994 og var måske et forsøg på at vise en ungdommelig og fremadrettet tilgang til verdenen.

Fra 1999 – 2001 udgav foreningen bladet *Zink*, som var et forsøg på et mere homo-kulturelt tidsskrift med egen redaktion uafhængig af Pan Bladets redaktion.

I 2004-2006 vendte man tilbage til 2. sektionstankegangen med *Barometer*, som lignede Xpansion en del.

Klublokaler i København

Muligheden for at "etablere kontakt mellem ligesindede" var fra starten af foreningen i 1948 et af de væsentligste formål. Her har den selskabelige og sociale kontakt, og hvad der kan følge heraf ikke været det mindst væsentlige.

Et af de første steder, foreningen entrerede med, var nogle selskabslokaler i Markmanns gade foran på Amager, hvor man arrangerede lukkede klubfester i 50'erne (kun på denne måde kunne man danse og få ærbar fysisk kontakt). Men måske var politiet til stede, så pas på ...! Man var altid bange for overvågning, og man var prisgivet de enkelte restauratørers holdninger og luner. Ja, tiderne var andre dengang!

Dette førte til, at foreningen besluttede selv at drive selskabsvirksomhed, og man oprettede Bygge- og Støttefonden i 1965 (se afsnittet om økonomi). En meget aktiv og helt uvurderlig kraft her var "Jeppe", Helga Jepsen. Fonden samlede penge ind, så man kunne erhverve ejendommen i Åbenrå 33 i København, hvor der var café og dansested, Lille Rosenborg. Ja, det lå tæt på Rosenborg og for den sags skyld endnu tættere på Livgardens kaserne.

I 1970 erhvervede foreningen et restaurationsselskab, der drev restaurant og natklub, og det tilhørende lejemål til et diskotek i Nybrogade i København. Det var meget fint og nyindrettet, men tilsyneladende for dyrt for det hidtidige publikum. Så det var en økonomisk fornuftig erhvervelse. Hvad det også blev for foreningens økonomi i de 10 år, vi "boede" der. Det var Københavns omend ikke eneste, men i hvert fald største homodiskotek i de år. Og folk valfartede til, og i nogen grad også til hverdagsværtshuset i stueetagen.

Diskoteket blev kaldt Pan Club efter bladet. Men det var stadig et lejemål. Og ikke nok med det, Pan Club lå i en beboelsesejendom, og den store popularitet førte også til megen trafik og megen støj. Det påvirkede selvfølgelig beboernes holdning til diskoteket og cafeen. Lejemålet blev ikke forlænget fra 1980.

Frivillige i den gamle Pan Club

Medlemmer af foreningen arbejdede frivilligt i Pan Club i Nybrogade. Det var nødvendigt af den simple årsag, at indtægterne fra garderoben og "gæstekort" – en slags medlemskab til klublokalerne mod entré, medlemmerne af Landsforeningen betalte ikke entré (og dét betød, at der blev oprettet mange medlemskaber i døren!) – gik til det politiske arbejde i lokalafdelingen og Landsforeningen. På den måde havde Pan Club kun de indtægter, der stammede fra salget af varer – og det var ikke tilstrækkeligt til, at vi kunne ansætte og aflønne personale til alle funktionerne.

"Du får en 'bon' i timen – det er da skideflot." Sådan lød en strofe til en vise ved en personalerevy i Nybrogade. Systemet var, at de frivillige, der arbejdede som bartendere, garderobevagter, dørmand og discjockey fik en talon for hver time, de var på arbejde. En talon repræsenterede en værdi på 5 kr., og de kunne kun bruges til køb af

varer på stedet. Talonerne fik Pan Club efterfølgende refunderet af lokalafdelingen, hvis medlemmer således ydede en frivillig indsats mod at afdelingen fik indtægterne fra "døren".

Systemet fungerede fint og holdt i ca. 10 år uden de store ændringer.

Efter nogen tid med fester andre steder, bl.a. nogle kæmpearrangementer på det daværende Saltlageret på Gl. Kongevej i København (hvor Planetariet nu ligger), og i Arbejdermuseets festsal i Rømersgade i København, kunne vi erhverve dele af ejendommen Knabrostræde 3 i København til overtagelse den 1. april 1980. Købskontrakten blev underskrevet af daværende landsformand Henning Sandau (dengang Jørgensen). Han havde i øvrigt også været én af hovedkræfterne i at finde en ejendom, der ikke alene var til salg (og det var i sig selv ikke let i den periode), men også til en ordentlig pris.

Vi købte kælderen og 3. sal af ejendommens forhus ud mod Knabrostræde og hele baghuset af DIS (dengang vistnok Danish International Students, som fortsat arrangerer undervisning for amerikanske studenter i Danmark), som havde udlejet den til Forlaget Demos, hvor Vagn Søndergaard var meget aktiv og af gode grunde var opmærksom på, at vi ledte med lys og lygte efter en ejendom.

Her var plads til alt det, vi ville - og det var meget. Kun fantasien og (nå, ja!) økonomien satte grænser. Og der var masser af fantasi i de år. Masser af arbejdskraft, masser af frivillige og masser af evner. Masser af drømme. Masser af intellektuelle ressourcer og benkraft.

Det økonomiske grundlag for opfyldelse af drømmene og udlevelse af fantasierne blev indretning af først en café og lidt senere et diskotek. Cafeen blev indrettet med dagåbningstimer og i begyndelsen også med madservering. Cafeen blev hurtigt endog meget velbesøgt. Diskoteket blev igen ét af Københavns største og mest populære homodiskoteker.

Kurt Sandau blev den første leder af café og diskotek. Det var magtpåliggende for Kurt, at cafeen var åben og lys og henvendt til alle. Det skulle ikke være et lukket sted for "ligesindede", men på den anden side heller ikke et sted, der var for åbent til, at folk turde komme. Derfor var beliggende gennem en port velegnet. Og gården foran cafeen et meget populært sted om sommeren.

I starten var der som nævnt frokost og "dagens ret". Men dels var køkkenet for lille, dels var personalets omgang med fødevarer ikke professionel, hvilket førte til stort spild - og et underskud på maddriften. Det medførte, at madserveringen blev stoppet og afløst af servering af småretter som sandwich og kager.

Samarbejdet med det ansatte aflønnede personale i cafeen var ikke helt smertefrit. I starten troede vi, at den entusiasme, der havde været omkring den gamle Pan Club, fulgte med til den nye Pan Club ansatte personale. Dér tog vi fejl!

De fleste ansatte var ikke personer, der var drevet af interesse for Landsforeningen, og de var fra starten meget modvillige over for de beslutninger, bestyrelsen fandt nødvendige – ledelse var ikke noget, man brød sig om! Vi troede naivt på vores erfaring fra det gamle Pan Club, hvor frivillige – og enkelte ansatte – uden store erfaringer fra restaurationsbranchen kunne yde en stor og konstruktiv indsats. Men ikke hér.

Personalet ønskede ikke at være organiserede i fagforeninger – hvilket nok havde gjort det hele meget nemmere. Men de kunne jo så ikke strejke, så på et tidspunkt lagde de sig kollektivt syge! Vi bad om lægeattester og overvejede at anmelde en sådan epidemi til stadslægen!

Diskoteket åbnede et par måneder efter cafeen og blev som nævnt hurtigt meget populært. Det medførte, at foreningens medlemstal steg. Og det gjorde entreen og indtægterne til Københavnsafdelingen også.

Der kom mange penge ind. Københavnsafdelingen kunne have forbedret sine indtægter væsentligt, hvis den selv havde stået for entreen. Men afdelingen overlod det ejendommeligt nok til restaurationsselskabet, som ejede lejemålene for café og diskotek. Selskabet ansatte og aflønnede folk i døren, men blandede sig derudover ikke i noget, der ikke vedkom restaurationsdriften. Dørfunktionen medførte, at uønskede personer ikke kom ind. Men ud fra en økonomisk betragtning - og her taler vi ikke kun om aflønning, men også om kontrol med indtægterne, som der var mange af - burde Københavnsafdelingen nok have holdt sig tættere på entréfunktionen.

Det er efter bevillingsloven bevillingshaverens (og det var Kurt Sandau) ansvar at sikre god ro og orden i lokalerne, og derfor var det jo også i restaurationsselskabets interesse at ansætte personalet i døren, men det var en dårlig forretning for Pan Club, for indtægterne gik til lokalafdelingen, medens selskabet betalte udgifterne!

Diskoteket blev som nævnt fra starten en stor succes og nok <u>for</u> stor en succes, fordi der kom alt for mange heteroseksuelle gæster. Det var især et problem på hverdage, hvor heteroseksuelle kunne være dominerende, men det kunne også være et problem i weekenden. Derfor blev der oprettet medlemskontrol i porten, hvor medlemmer af Landsforeningen fik første prioritet.

Diskoteket var råt og upoleret (uden guld og glimmer som mange andre diskoteker). Det skulle efter Kurts opfattelse handle om lidt friere sex-spil. Fingerfletteriet kunne foregå i cafeen. Senere, da Pan II blev indrettet i to etager over diskoteket, blev der plads til hertil egnede sofaer mv.

Vi drømte om et kulturhus for bøsser og lesbiske. Og det blev ikke ved drømmene.

I første omgang indrettede vi lokaler til den organisatoriske del af foreningen. Landsforeningen og Københavnsforeningen fik kontorer og mødelokaler øverst oppe på 3. sal. Aldrig havde vi haft det bedre. Og det kom der politik ud af.

Og der kom kultur. I kælderen indrettede vi bibliotek og arkiv til den ene side, og den anden side af porten blev der indrettet bogcafé. Her kunne man låne bøger henvendt til bøsser og lesbiske, og arkivet sørgede for at samle og opbevare historisk materiale af interesse for bøsser og lesbiske. Alt drevet af frivillige og delvist finansieret af café- og diskoteksdriften i baghuset.

Jeppes Klub

Samtidig med Pan Club i Nybrogade, hvor Helga Jepsen, som tidligere havde haft sit eget værtshus, var bevillingshaver, - dvs. havde retten til at drive værtshus/diskotek og udskænke spiritus - startede hun et samarbejde med indehaverne af "Lumbyes Selskabslokaler", som var nabo til bøsseværtshuset Intime på Pile Allé på Frederiksberg, lige ved siden af rådhuset.

Det var jo ikke alle bøsser og lesbiske, der havde lyst til at gå på diskotek, i hvert fald ikke altid. Her var der pardans og servering ved bordene. Også mad. Det var et andet og generelt lidt ældre publikum, der kom både her og på Intime bar end på diskoteket i Nybrogade.

Der var åbent om fredagen og konceptet var genialt. Ind kom en ældre dame i lodenfrakke og filthat - Jeppe, og hun satte sig ved et lille bord ved indgangen, og sagde at hun var en forening, og at her skal man være medlem og betale entré.

Stedet startede i begyndelsen af 1970'erne og fortsatte til år 2000. Det var meget populært og forblev det også efter Jeppes død engang i 1980'erne. Det blev faktisk så populært, at man i begyndelsen af

1980'erne udvidede med en bar i kælderen, som blev betjent af frivillig arbejdskraft (to ældre bøsser) fra Landsforeningen.

Der var også mange arrangementer og fester, bl.a. bankospil og julefrokost for de faste gæster. Og Mona Lisa (Hardy Dræby) og syngepigerne fra Bakkens Hvile mødte troligt op mindst en gang om året. Og der var dragshows - eller "dragtsjov", som Jeppe kaldte det, sikkert fordi engelsk ikke var hendes spidskompetence - flere gange om året.

Hvordan Jeppe bar sig ad, vides ikke. Men Landsforeningen betalte ikke én krone for det. Det var ren indtægt.

PAN Club i Knabrostræde

Efter at København havde været uden en Pan Club et lille års tid, åbnede PAN Club i Knabrostræde 3 i København så i 1980, hvor Landsforeningen for Bøsser og Lesbiske (i dag LGBT Danmark), købte store dele af ejendommen Knabrostræde 3, som i de efterfølgende 15 år blev et afgørende politisk og kulturelt kraftcenter i det homoseksuelle/LGBT-miljø. PAN Club i Knabrostræde 3 i København, åbnede første gang i 1980.

I en del af ejendommen var der en café og diskotek, for at skabe gode rammer for bøssers og lesbiske udeliv, nogle også for at få indtægter til foreningen, som man kunne bruge på det politiske, sociale og kulturelle arbejde. I de bedste år gav café- og diskoteksdriften over 1 million kroner til foreningens arbejde.

Knabrostræde 3 gav mulighed for, at det homoseksuelle miljø kunne udvikle sit kulturliv, og det skete for alvor i disse år: Aftenskole, Pan Idræt, bibliotek og arkiv, Pan Bladet, Radio Rosa og alle dens redaktioner, ungdomsgruppe, filmgruppe, samværsgruppe, rådgivning, Pan

Info, lesbiske over 40, kvindegruppe, og man kunne blive ved. En hel masse grupper og netværk skød op.

Pinsekarneval og ølsalg i Pan Club

Pinsekarnevallerne opstod i første halvdel af 80'erne og fortsatte i 3-4 år i Indre By i København. Det første år var omsætningsmæssigt i Pan Club meget pæn, men så heller ikke mere. Men det skulle komme til at ændre sig.

Et år, hvor pinsen faldt sent, var omsætningen god, og året efter igen, var den meget god. Så god, at vi løbende måtte skaffe os af med kontanterne ved at placere dem i bankens døgnboks. Det var ikke en luksus, vi var vant til.

Så kom der også et år - 1985, hvor medarbejderne på bryggerierne nedlagde arbejdet op til pinse. Det gjaldt også chaufførerne. Mon ikke medarbejderne på Carlsberg, som dengang stadig bryggede i København, udnyttede situationen?

Og nu var gode råd dyre! Solvei Jørgensen og Kurt Sandau var engageret i ledelsen af Pan Club, og de havde et glimrende samarbejde. De lagde så råd op og blev enige om, at Solvei skulle forsøge at købe øl op, hvor det var muligt på Sjælland, Lolland og Falster og så læsse det på en lille lastbil. Hun havde nemlig ikke stort kørekort.

Solvei ankom lidt hen på formiddagen torsdag før pinse med en meget tungt læsset lille lastvogn. Fjedrene var fuldstændig i bund. Med en blanding af et utroligt stort antal forskellige flaskeøl, fra mange forskellige lokale bryggerier.

Så kom pinse-weekenden, og Solvei og Kurt var enige om at få fyret flaskeøllerne af først. Han stod i baren sammen med bartenderen, Nils

Jørgen. Kurt åbnede flasker og skænkede op. Det var lidt besværligt, for der var ikke mulighed for at køle øllerne ned, og derfor skummede de meget. Der skulle så skænkes op ad flere gange, og der var mere eller mindre fyldte glas overalt i baren.

I opvasken stod Jacob Bie, som også var med i ledelsen af Pan Club, og vaskede éngangsglas. Der var simpelt hen ikke glas nok i cirkulation, - og på grund af strejken kunne der ikke skaffe flere – og derfor var de nødt til at vaske plastik-glassene.

Det væltede ind med gæster, og det blev ved og ved. Den pinselørdag, hvor chaufførerne strejkede, var nok den største omsætningsdag i Pan Clubs historie.

Pinsesøndag lignede Indre By en slagmark. Der var affald - herunder glasskår - overalt. Københavns kommune gjorde, hvad de kunne, men alvorligt var det. Lørdag blev der indrettet et "Nødlazaret" på etagen over cafeen, så folk kunne få vasket sår på fødder og andre sårede legemsdele, og lappet dem lidt sammen med plaster og lignende.

Kurt arbejdede tæt sammen med Carlsbergs salgsagent Thomsen, og det blev en fast vending at sige: "det klarer jeg lige med Thomsen", og så var den sag i vinkel. Pan Club og Færgekroen i Tivoli var i øvrigt de første, der fik installeret ståltanke til fadølsanlægget. Chaufførerne var sikkert også fortalere for løsningen, for det var hårdt arbejde for dem at få tønderne op og ned fra kælderen. Der var omkring tre tanke under cafeen og to under diskoteket. De blev fyldt op igen med jævne mellemrum. A la at få fyldt olie på tanken hjemme i villaen. Det foregik nemt og smertefrit, også selvom der var travlt.

Det var også en stor lettelse for personalet. Tidligere, hvor øltønderne (fustagerne) stod i serie på tre, skulle personalet - og det var naturligvis, når der var travlt i cafeen - flytte på tønderne, så den nye kom ind i rækken i den rigtige position. Levnedsmiddelkontrollen var ikke glade for øltønder i serier, og derfor blev også de fortalere for de store tanke i stål. Ståltankene havde tællere, så det var muligt at følge med i hvor meget, der var tilbage.

Foreningens "pinseeventyr" sluttede, da karnevallet blev flyttet fra indre by til Fælledparken.

Kontakter og teknisk snilde
Det blev Kurts opgave at finde ud af, hvordan fadølsanlægget kunne komme til at fungere med udenlandske øltønder. Rygtet ville vide, at Café Krasnapolsky, som dengang var et meget populært sted, og ikke lå så langt fra Pan Club, havde fundet en løsning med en spændeskive, der kunne få det hollandske, belgiske og tyske øl til at passe med det danske ølsystem. Krasnapolsky var nemlig også baseret på fadøl, men de havde et langt større udvalg af øl end Pan Club, også udenlandsk øl. Dem fik Kurt fat i, og via dem fik han bestilt udenlandske - især tyske - fadøl. Samt de nævnte spændeskiver. De udenlandske øltønder var i øvrigt langt større end dem, man kendte. Men ned i kælderen kom de.

Frigørelsesdagen – de første prides

Baggrunden for frigørelsesdagene var et oprør fra gæsterne i en bar i Christopher Street på det sydlige Manhattan i New York City den 24. juni 1969. Et kvarter med mange homo- og transbarer.

Politiet havde i en årrække lavet chikane med razziaer på barerne for at skaffe sig lidt ekstra "lommepenge". Proceduren var at tage samtlige gæster med på stationen og skrive rapporter. En ganske tidskrævende proces med lange ventetider. Politiets argument var, at man ville undersøge, om der var mindreårige, der i strid med bevillingsloven fik serveret alkoholiske drikke, og om de måske fungerede som trækkerdrenge i forhold til dels prostitution, dels seksuel lavalder.

Virkeligheden var en anden: Bøssernes frygt for at blive registreret som homoseksuelle/biseksuelle og deres families og evt. ægtefælles reaktion, gjorde dem til lette ofre for afpresning, deraf udtrykket "lommepenge" i politiets jargon. Det var især transpersoner, der var gæster på den pågældende bar.

Den 24. juni 1968 gjorde gæsterne i baren "Stonewall Inn" oprør, og det udviklede sig til en større batalje, der strakte sig over de næste dage. Bøsser og transseksuelle havde barrikaderet sig inde i baren, og politiet satte stadig større styrker ind. Det fik pressens bevågenhed, og det var ikke rart for især politiet, for hvad handlede det her i virkeligheden om?

Herefter blev der på datoen arrangeret demonstrationer i NYC hvert år, og måske var det her, de lilla faner opstod.

So ein Ding müssen wir auch haben! Og fra 1971 holdt vi "Frigørelsesdag" en lørdag sidst i juni med optog, faner og taler i Fælledparken.

Det står ikke klart, hvorfor farven lilla blev symbol på homoseksualitet, men når det nu blev brugt i New York, så skulle vi også have nogle lilla faner her i København. Det lilla lagenlærred købte Kurt i "Messen" i Købmagergade i København. De solgte i metermål. Rundstokkene købte Kurt i kosteskaft-lignende størrelse + "gardinknopper" i en trælasthandel på Enghavevej på Vesterbro i København. Kurt husker ikke, hvor han fik fat i sølvsprayen, og heller ikke, hvor fanerne blev syet. Måske var det på en ældgammel symaskine, Kurt og Henning havde derhjemme.

Rundstokke og knopper fik så en tur med sølvspray. Det var lidt mere besværligt at få de dobbelte han- og hunkønstegn lavet. Kurt prøvede først med kartoffeltryk - det duede ikke. Så fik Kurt lavet en skabelon, der skulle et par forsøg til. Men så virkede det.

Hvis det på daværende tidspunkt på mindste måde havde stået klart, at fanerne ville blive brugt mange gange herefter, var der nok blevet gjort mere ud af dem fra starten.

Forlaget Pan

Forlaget Pan optræder allerede i 1979 med udgivelsen af "Bøssekampens Politik" – en samling artikler om et årtis bøssekamp og bøssefrigørelse redigeret og oversat af Wilhelm von Rosen.

Men efter flytningen til Knabrostræde var det naturligt også at formalisere forlaget, så vi havde en struktur til udgivelse ikke blot af vores egne produkter, men også gerne andres. Forlaget blev derfor organiseret som et anpartsselskab i 1981.

Det blev mest til egen udgivelser: Udover Pan Bladet udgav forlaget Spring-ud-aviserne, og publikationen "Sex er mer' end de siger", foreningens forslag til registreret partnerskab o.l. samt en nordisk bibliografi udarbejdet af Nordisk Råd for Homoseksuelle.

Axel Axgil henvendte sig til forlaget med et manuskript – der senere blev til bogen "Homofile Kampår", men vi havde en meget kritisk redaktionsgruppe, som ikke fandt bogen værdig til udgivelse!

Egen bogklub

I samarbejde med Landsforeningens bibliotek oprettede vi en bogklub, hvor vi hver måned kunne tilbyde medlemmerne en 'billigbog' med bøsse/lesbisk tema. Foreningen indgik aftaler, ofte med mindre forlag, som havde udgivet bøger med bøsse/lesbiske temaer. På den måde kunne vi garantere forlagene et mersalg, og opnåede til gengæld store rabatter.

Hver måned udsendte vi sammen med medlemsbladet Pan-Bladet en foromtale af 'månedens bog' samt en bestillingskupon. Når bogen var betalt, sendte vi bogen til det pågældende medlem. Bogklubben blev stiftet i 1981 og kørte i nogle år.

Bibliotek, arkiv og bogcafé

Landsforeningen begyndte sit biblioteks- og arkivarbejde i 1979, Efter nogle år med indsamling og opbygning kunne bibliotek og arkiv åbne for offentligheden i oktober 1983.

Det var forfatteren af 'Bøssekampens Politik' og senere af den bøssehistoriske disputats 'Månens Kulør' Wilhelm von Rosen, der i 1979 udarbejdede et forslag om oprettelse af et bibliotek. I forlængelse heraf nedsatte hovedbestyrelsen et biblioteksudvalg. Wilhelm efterlyste kulturelle aktiviteter på linje med foreningens sociale aktiviteter. Ideen var at indsamle, bevare og tilgængeliggøre materiale, der belyser vores kultur i fortid og nutid.

Landsforeningen havde dengang stadig til huse i gaden Åbenrå 33, hvor der kun var plads til en enkelt boghylde. Men da foreningen i 1980 flyttede til Knabrostræde 3, blev der meget bedre plads til indretning af et egentligt bibliotek først på etagen over diskoteket siden i stueetagen ud mod Knabrostræde, hvor der også blev indrettet en bogcafé. Her var indbydende og velegnede lokaler med god plads også til udstillinger og forfatteraftener. Pladsen blev endnu bedre, da bogcaféen og arkivet et par år efter flyttede over på venstre side i stuen. Biblioteket kunne nu indrette læsestue med tidsskrifter og fjernsyn med videoanlæg. Foreningens forskellige aktivitetsgrupper fik ansvar for udstillinger i et eller flere vinduer ud mod Knabrostræde, og biblioteket selv brugte vinduerne til reklame for bøger, tidsskrifter og arrangementer. Hvert år til jul blev vinduerne pyntet op som traditionelt nisselandskab, hvor små nissedrenge og nissepiger muntrede sig med egne kønsfæller.

Bogcaféen blev i flere år drevet af en frivillig gruppe af fortrinsvis lesbiske, men da ledelsen besluttede, at man også skulle sælge det bøsse-erotiske blad Coq i bogcaféen, sagde gruppen fra – det ville de ikke stå model til! Men de gik ikke bare i vrede, de afleverede regnskaber, bilag, nøgler osv. systematiseret og ordnet på bedste vis. Så det var let for én af superaktivisternes mor at drive bagcaféen videre!

Årene i Knabrostræde blev både Landsforeningens og bibliotekets storhedstid.

Imidlertid fik Landsforeningen i begyndelsen af 1990'erne økonomiske problemer og en flytning til Teglgårdstræde blev nødvendig. Mange frygtede at bibliotekets samlinger skulle gå tabt, og oprettede derfor en støtteforening, hvis formål var at sikre samlingerne.

Støtteforeningen eksisterer stadig i dag. Foreningen har gennem årene finansieret indbinding af danske bøsse/lesbiske blade, så de sikres for eftertiden. Indbindingsarbejdet omfatter bl.a. alle numre af Pan Bladet siden starten. Støtteforeningen har ligeledes sikret en komplet samling af blade som: Vennen, Eros, Hvidløgspressen, Front, Hot Side, Kvinder og Seksualpolitik.

Desuden yder foreningen tilskud til indkøb af bøger samt udarbejder løbende litteraturlister bl.a. over årets nye dansksprogede bøger med LGBT+-indhold.

Flytningen til Teglgårdstræde og efter nogle år til Nygade og senest til Vestergade har desværre tvunget biblioteket til at indskrænke aktiviteterne betydeligt ligesom bogcafeen måtte lukke ved flytning fra Knabrostræde og Landsforeningens arkiv blev afleveret til Rigsarkivet.

Biblioteket er gennem alle årene blevet drevet og drives stadig af en gruppe frivillige, som tilrettelægger arbejdet og fordeler opgaverne mellem sig.

En markant aktivitet gennem årene har været de mange forfatteraftener, hvor biblioteket har sat fokus på den bøsse/lesbiske litteratur. Der har bl.a. været arrangementer med Christian Kampmann, Martin Elmer, Curt Lindstrøm, Carsten Nagel, Bente Clod, Anne Strandvad, Karsten Skawbo, Wilhelm von Rosen, Henning Beck, Karin Lützen, Dag Heede og Daniel Tsang, Leonora Christina Skov, Abelone Koppel, Knud Heickendorff, Tomas Lagermand Lundme, Morten Kirkskov og Maria Gerhardt.

Aftenskolen for bøsser og lesbiske

Inspireret af Pan Idræt - en idrætsforening for bøsser og lesbiske – opstod meget naturligt midt i 80'erne ideen om at have en aftenskole for bøsser og lesbiske. Dertil kom også, at flere i Landsforeningens daværende ledelse selv var lærere enten i folkeskolen eller på gymnasiet og derfor syntes, det kunne være sjovt at have en aftenskole i foreningen. Først blev det undersøgt, om en sådan aftenskole kunne tilsluttes en af de allerede etablerede store aftenskoler. En sådan model viste sig imidlertid ikke at være brugbar. Derfor besluttede foreningens ledelse at oprette en selvstændig aftenskole for bøsser og lesbiske.

Strukturelt hørte aftenskolen hjemme under foreningens hovedbestyrelse. I løbet af de år, hvor aftenskolen eksisterede, var der altid tilknyttet en administrativ koordinator, som tilrettelagde, hvilke kurser og øvrige tilbud, som indgik i dels et forårsprogram dels et efterårsprogram. Kursustilbuddene var meget varierede lige fra undervisning i litteratur, forskellige sprog, homohistorie og korsang. I forbindelse med undervisningen i korsang lagdes grunden til de bøsse/lesbiske kor, som stadig eksisterer i dag.

Pan Idræt

Først i 80'erne slog nogle svømmeglade bøsser sig sammen og dannede et svømmehold i København. Initiativet blev støttet af Landsforeningen, og senere hvor også andre idrætsaktiviteter blev søsat, kaldte grupperne sig samlet for Pan Idræt. Landsforeningen søgte sammen med Pan Idræt optagelse i Københavns Svømmeunion. Unionen brugte en masse bortforklaringer og dårlige undskyldninger for ikke at optage Pan Idræt. Landsforeningen og Pan Idræt tog politiske kontakter til enkelte folketingsmedlemmer som stillede kritiske spørgsmål til sportens minister, som på det tidspunkt var kulturminister Mimi Jacobsen. Der blev senere indkaldt til en ekstraordinær generalforsamling i Svømmeunionen, hvor både Pan Idræts formand, Erik Fjellerad og Bent Hansen fra Landsforeningen deltog. Også daværende folketingsmedlem Jørgen Lenger deltog i generalforsamlingen, hvilket gjorde et vist indtryk på Svømmeunionens ledelse. Den egentlige grund til unionens afvisning af Pan Idræt var hiv/aids-situationen. De var bange for at skulle svømme rundt i det samme vand, som bøsserne boltrede sig i. Unionen måtte dog til sidst give bøsserne adgang til svømmehallerne.

Pan Idræt blev formelt oprettet d. 6/5-1984 ved et møde på en skole i København. Fra Landsforeningen deltog næstformand Bent Hansen.

Sammen arrangerede Pan Idræt og Landsforeningen idrætsweekender på Gerlev Idrætshøjskole ved Slagelse, hvor også foreningens hovedbestyrelsen deltog.

Pan Idræt forblev formelt en del af Landsforeningen indtil år 2000, hvor Pan Idræt blev en selvstændig forening. Fra at være et enkelt hold af svømmeglade bøsser har Pan Idræt gennem årene udviklet sig og blevet en stor succes med 25 forskellige idrætstilbud.

Filmfestivalen

Det var aktivister, der var med til at starte filmfestivalen, der en del år var en integreret del af Landsforeningen. Baggrunden var den, at det var svært at få mulighed for at se film med et bøsse/lesbisk tema, men ved en stor indsats arrangerede Filmfestivalen at få kopier af de nyeste film hjem. Efterhånden blev festivalen en selvstændig forening og findes stadig (i 2020) under navnet MIX.

Radio Rosa i København

I begyndelsen af 1980'erne blev der gennemført en lov om lokalradio og -tv. Forud for det havde Kulturministeriet nedsat et "Udvalg vedrørende forsøg med lokalradio og -tv". Formand blev den københavnske politiker Gerda Louw Larsen (tidligere formand for Borgerrepræsentationen). Ved hendes død som 82-årig i 2011 skrev Politiken, at det var en turbulent periode i 1980'erne, fordi det var et jomfrueligt felt. Det samme følte vi, da vi ville starte Radio Rosa i København.

Lokalradioerne havde som følge af lovgivningen et begrænset sende- og modtageområde. Men i Københavnsområdet var der på grund af befolkningstætheden mange (potentielle) lyttere.

Der opstod således initiativer til radio på Broerne og Christianshavn. Centrum skulle dækkes af en radio, som hed Sokkelund Radio (mest bestående af en række græsrodsgrupper). Men her faldt bøsser og lesbiske lidt udenfor, idet vi ikke kunne defineres ud fra geografiske kriterier.

Kurt Sandau skrev derfor kommentarartikler i både Berlingske og Politiken, hvor han argumenterede for, at vi som bøsse-lesbisk gruppe også udgjorde et lokalsamfund og derfor også havde interesse i at kunne kommunikere via en lokalradio.

Det viste sig at være som at slå åbne døre ind. Der var ikke den mindste modstand at finde nogen steder.

Initiativet til at starte radioen blev taget af den daværende formand for Københavnsafdelingen, Kurt Nielsen. Hans engagement var enestående.

Blandt initiativtagerne i Københavnsbestyrelsen havde man talt lidt om, hvilke muligheder der var. Den oprindelige tanke var, at vi skulle udgøre én evt. to redaktioner, der så kunne sende via Sokkelund Radio, og det var der opbakning til fra initiativtagerne i Sokkelund.

Ikke kun i Danmark, men i hele Europa, blev der etableret lokalradioer. I denne sammenhæng er det på sin plads at nævne Antenne Rose i Paris. Den sendte døgnet rundt, 95 % var musik og reklamer, og resten var småsnak. Der var også nyheder og noget så eksotisk som trafikradio. Men der var på intet tidspunkt tvivl om, at det var en bøsseradio, som her i midt-80'erne var utrolig populær, og der var prestige i at være med for DJs fra diskoteker og natklubber. Det gav omtale og kunder. Efter et par år var det dog slut - nyhedens interesse var falmet, og måske var selve konceptet også for overfladisk og for lidt tilpasse bøssemiljøets egentlige interesser.

I Sverige havde RFSL (pendant til Landsforeningen her i landet) oprettet "Stockholm Gay Radio og senere Malmö Gay Radio (som for øvrigt kunne høres i København). I Sverige var radioerne ikke kommercielle, og det skulle de heller ikke være i Danmark. Men i resten af Europa var de fleste lokalradioer henvendt til homo-miljøerne, meget kommercielle.

Det var derfor af stor interesse for os her i København at få indblik i, hvordan man greb tingene an i de svenske radioer. Da Kurt og Henning Sandau alligevel skulle til et møde i Stockholm i forbindelse med den internationale homoorganisation, ILGA (International Lesbian and Gay Organization) foreslog vi, at Kurt Nielsen kom med for at studere radiodriften og betingelserne herfor.

Radiostudiet i Stockholm var en lille boks, som var indbygget i et kontor. Væggene var beklædt med æggebakker, der var hæftet fast med store hæfteklammer. Teknikrummet var et bord i kontoret, der var udstyret med grammofon, båndmaskiner og mikrofoner til gæster og værter og teknik. Det var det almindelige indtryk, at det klarede vi nok også i København.

Senere var samme Kurt og Kurt også på besøg i Malmö Gay Radio, hvor opskriften var den samme. Her var væggene dog beklædt med perforerede loftplader, men også her var alt såre simpelt.

Københavnsafdelingen besluttede efter en noget broget generalforsamling at afsætte penge på budgettet til at lave egen radiostation, og hovedbestyrelsen bakkede naturligvis op. Der opstod i øvrigt også Radio Rosa'er andre steder end i København, i disse tilfælde dog i samarbejde med andre lokalradioer.

Men i København så man mulighederne og et behov for at skabe egne faciliteter til at producere udsendelserne. Vi søgte og fik sendetilladelse den 8. marts 1983. No problem.

Man skulle så finde egnede lokaler. Landsforeningens sekretariat, Københavnsafdelingen og Pan Club delte kontorlokalerne på 3. sal i Knabrostræde 3. Der var sådan set god plads, men der var i Københavnsafdelingen ikke stemning for at afgive plads. Lidt underligt, når nu formanden, Kurt Nielsen, var så (berettiget) entusiastisk i forbindelse med at få skabt radioen.

Men vi havde jo set, hvor lidt plads det i virkeligheden krævede. Der var nogle pulterrum på 3. sal, som ikke var egnede til andet - de blev ryddet og rengjort. Derefter annoncerede vi i relevante steder efter folk, der kunne hjælpe med indretningen. Bl.a. henvendte sig nogle tidligere discjockeyer fra det tidligere Pan Club i Nybrogade. De ville tage sig af det tekniske og praktiske med grammofoner, båndspillere, kassettebåndoptagere, mikrofoner til studiebrug og til reportager/interview uden for studiet, og båndoptagere til kopibånd til Kulturministeriet og til genudsendelser.

Men studiet skulle jo også indrettes. Her faldt der en gave ned fra himlen i form af Oluf/Michelle. Han var gift og havde en søn, og ud over disse kvalifikationer var han uddannet snedker og havde i en årrække arbejdet i Danmarks Radio med netop indretning og ændring af studierne i det gamle Radiohus i Rosenørns Allé på Frederiksberg. Hvor heldig har man lov at være?

Oluf undersøgte pulterkamrene, og vurderede, hvad der skulle gøres. Ud fra disse vurderinger og forslag udarbejdede vi et budget for indretningen. Det så ikke afgørende ud for Københavnsafdelingens samlede budget.

Oluf var i sit projekt fra at være Oluf til at blive Michelle blevet hjemmegående og kunne derfor afse tid til projektet. Æggebakker og hæfteklammer var ikke stilen. Det skulle gøres ordentligt, så det kunne holde til den slitage, der vil opstå i små rum. Der skulle laves en lydsluse. Og rummene, som lå lige under taget, der ikke var perfekt lige i det hjørne, skulle isoleres. Der skulle også ske flere forbedringer med teknikken end tidligere forudset. Så budgettet måtte revideres, men holdt sig stadig inden for en acceptabel ramme i forhold til Københavnsafdelingens samlede budget.

I tilbageblik må man igen undres. Københavnsafdelingens formand var begejstret for projektet, men han fik ikke overført sit engagement til bestyrelsen. I samme tilbageblik kan vi ikke vurdere, hvorfor. Men faktum var, at der ikke var den store begejstring for initiativet i Københavnsafdelingens bestyrelse, og derfor var man ikke villige til at afsætte særlige midler til denne aktivitet. Det kunne indgå i det samlede budget. Så mente man nok at have mere hånd i hanke med projektet. Men vi kunne jo ikke stole på, at vi kunne etablere de nye studier på de betingelser. Især med en særdeles lunken bestyrelse.

Det kom til at give bagslag for bestyrelsens flertal, for holdningen resulterede i, at der på den ordinære generalforsamling i Københavnsafdelingen i 1983 kom ændringsforslag til det fremlagte budgetforslag - og her besluttede generalforsamlingen at fastsætte præcis det beløb, initiativtagerne til oprettelse og indretning af studierne havde foreslået, på en særlig konto til netop det formål. Hermed var Radio Rosa blevet en selvstændig del af Københavnsafdelingen. Det kunne bestyrelsen have undgået ved at være mere smidig og imødekommende. Men godt var det for radioen!

Indvielsen af den nye radio gik under mottoet *"Hvor går grænsen, Gerda"*, naturligvis med reference til formanden for lokalradioudvalget i Kulturministeriet. Den 22. juni 1983, hvor radioen gik i æteren, blev fejret med lyserød "champagne" og jordbær. Der blev afholdt reception for pressen og medlemmerne af lokalradioudvalget, herunder naturligvis formanden Gerda Louw Larsen. Der var sat transistorer og højttalere op i alle rum i Landsforeningens lokaler på 3. sal i Knabrostræde. Nu var vi gået i æteren!

Den lyserøde "champagne" blev serveret under ledelse af Adrian Lloyd Hughes.

Efter fanfarer, hvor der blev afspillet lyd af en fiktiv Rosa, der gik op ad trappen til studierne, startede radioen flot med et interview med Gerda Louw Larsen. Og her ville københavnsformand og radioentusiast Kurt Nielsen gerne vide, hvor grænserne for reklamer gik? Svaret blev, at man roligt kunne omtale alle aktiviteter i foreningen, kommercielle og alle andre - og vedr. de kommercielle uden at opfordre til deltagelse, for så ville det være reklamer.

Udvalgsformanden var i øvrigt meget berørt over at blive inviteret til åbningen af radioen. Radio Rosa var den eneste radio, der havde inviteret til åbning og fremvisning af studie og teknikrum. Hun var glad og overrasket over resultatet og sagde: "Det er sjældent, at vi som politikere ser, hvordan lovgivningen udmønter sig, jeg troede, det var et interview, men nu står vi til en lille fest med en masse søde mennesker, og vi er glade for, at I inviterede". Hun havde sin mand med.

Åbningen af Radio Rosa var en stor og bevægende dag.

Radioen tiltrak også mange både garvede og aspirerende journalister på (dengang) monopolmediet DR. Som aspirant er Adrian Lloyd Hughes lige nævnt, men også Jørgen Hansen, som senere blev ansat på P2 musik, var i en periode særdeles aktiv.

I starten fik radioaktivisterne medietræning af den garvede DR-journalist Karsten Pharao.

Der var forinden indkaldt til intro-møde for interesserede. Der kom 70 - 75, hvoraf langt de fleste var bøsser. Vi blev fx sendt på Hovedbanegården og Nørreport station for at interviewe sagesløse mennesker, om hvad de mente om en bøsse-lesbisk radio i København. Resultaterne af interviewene var rent teknisk ikke sendeværdigt, men det gav en god erfaring. De fleste af de spurgte var i øvrigt positive over for ideen.

Placeringen af sendemasten blev et af de tidlige problemer, der skulle løses. Muligvis havde en anden lokalradio, Sokkelund Radio, korresponderet med Rigshospitalet om at få en sendemast på hospitalets meget høje centralbygning. Men de havde fået afslag fra ikke-højtstående administrative lag gående på, at der ikke var "plads", og at det ville kunne forstyrre hospitalets apparatur. Men da Landsforeningen havde ret professionel erfaring med lobbyvirksomhed, anmodede vi efter forudgående kontakt til direktionen, hvor vi forelagde problemstillingen, om et møde. Det fik vi - og vupti kom der en antenne op. Vi måtte til gengælde love ikke at nævne, hvor senderen var placeret. Hvorfor, ved vi ikke.

Radioens sendetider

Så var der endelig fastsættelse af sendetiderne internt mellem de fire lokale radiostationer, som var gået sammen, nemlig Radio Christianshavn, der fik studie i et beboerhus i nærheden af Christianshavn Torv, Radio Vesterbro, der havde studie i nærheden af den "Brune kødby" ved Halmtorvet, og Sokkelund Radio, som boede i det, der dengang hed "Huset" i Rådhusstræde, også i København. Radio Rosa lå som nævnt i Knabrostræde 3. Altså hele fire lokalradioer inden for en forholdsvis kort radius, men med vidt forskellige målgrupper.

I starten gik det meget godt med samarbejdet. Vi var alle enige om at starte forsigtigt. I Radio Rosa med sendetid om aftenen fra kl. 21.30 til 23.30 og genudsendelse dagen efter fra kl. 15.00 til 17.00. Eftermiddagstidspunktet blev kritiseret af flere, men Kurt Nielsen og Kurt

Sandau holdt fast i tidspunktet. Det var efter skoletid og før fyraften, hvor forældrene kom hjem. Det kunne give unge mulighed for at lytte uden deres indblanding.

Så kom der pludselig en udmelding fra Sokkelund Radio, hvor de meddelte, at de ville have tre timers studietid hver torsdag om aftenen fra kl. 19.30 til 22.30, mens genudsendelsen dagen efter dog kun blev på to timer. Det var vi selvfølgelig ikke meget for, og det medførte nogle ubehagelige og trættende forhandlinger. Men Radio Sokkelund fik dog sin vilje.

Det var fra starten Kurt Nielsen og Kurt Sandau, der repræsenterede Radio Rosa i disse samtaler/forhandlinger. Efter nogen tid meddelte Kurt Nielsen, at en anden person der var lidt grovere i filen, burde sættes på opgaven, det blev Jan Bertelsen, som var meget kontant. Han var tidligere lokalformand i Aalborg og nu bosat i København.

Nu ville skæbnen, at Kulturministeriet på samme tid ville have Hara Krishna-bevægelsen ind på vor sendeflade. De ville have de samme sendetidspunkter, som Radio Rosa havde fået efter lange forhandlinger. Det lykkedes ikke.

Så tog fanden ved Kulturministeriet, som ville have "Unge Kristne" ind på samme sendeflade. De ønskede dog ikke de samme tidspunkter som Radio Rosa havde. Men alle de fire øvrige radioer ville af med dem. Senere fik Radio Sokkelund, uvist hvordan, Unge Kristne fjernet fra sendefladen. Et gæt kunne være, at én af initiativtagerne til Radio Sokkelund var tidligere folketingsmedlem for VS.

Om torsdagen udsendte vi et rådgivningsprogram modelleret efter "Tværs" med Tine Bryld på DR. Programmet kom til at hedde "Andre Måder". Der var i det hele taget stor fantasi, hvad angår programbenævnelser: "Mens vi netter os", "Blandede bolsjer" osv. Værter var Jan Bertelsen og Kurt Sandau, samt mindst to fra rådgivningen.

Der kom også forskellige del-redaktioner, fx anmeldelser af teater, opera, ballet mv., som så kunne sendes af "dag-redaktionerne" alt efter, hvor der manglede stof, eller om det passede ind i programmet. Teknikken blev også forbedret, så genudsendelserne startede automatisk, hvilket var en stor lettelse.

Radioen fik også trukket et kabel fra Pan Disco, så man kunne transmittere direkte fra kommunal- og folketingsvalgsmøder, der blev afholdt dér, samt Københavnsafdelingens generalforsamlinger samt andre stormøder. Det gode ved disse arrangementer var (når det gjaldt kommunal- og folketingsvalg), at lytterne fik en direkte, ufiltreret og kontant orientering om kandidaternes seksualpolitiske holdninger. Og kandidaterne blev tvunget til at tage klar stilling. Husk på, at det bliver sendt direkte i Radio Rosa, og at det også bliver båndet både til genudsendelse og til Kulturministeriet!

Venerisk udvalg

Der er i sagens natur ikke nogen risiko for graviditet ved bøssesex.

Derfor var brugen af kondomer ikke udbredt blandt bøsser i perioden før aids, men nogle anvendte dem dog for at beskytte mod kønssygdomme.

Antallet af kønssygdomme blandt bøsser svingede op og ned, men det blev af mange blot betragtet som en lille detalje i forhold til det at have et vildt og frit sexliv.

I starten af 1970'erne blev antallet af gonorétilfælde i almindelighed og især blandt bøsser meget højere end tidligere, og der blev derfor på et medlemsmøde i Københavnsafdelingen nedsat et venerisk udvalg i 1975. Det skal også med, at antallet af syfilis-tilfælde også var steget og toppede i 1982.

Venerisk Udvalg blev nedsat af Københavnsafdelingen i slutningen af 70'erne og gjorde via udsendelse af Pan-bladet i en lille folder opmærksom på sin eksistens (bladet blev udsendt i lukkede kuverter på det tidspunkt).

Landsforeningens medlemmer, der følte sig dårligt behandlet på kønssygdomsklinikkerne, eller havde spørgsmål, som de ikke havde lyst eller mod til at stille på klinikkerne eller hos egen læge, kunne ringe eller skrive til udvalget.

Efter denne lidt spage start kom udvalget til at bestå af Bent Hansen og Kurt Sandau, og nu kom der lidt mere fart over feltet.

Nogenlunde samtidig blev der ansat fire såkaldte kontaktrådgivere i Københavns kommune, som dels havde til opgave at opspore centrale smittekilder, som med stor seksuel aktivitet smittede andre, dels for at give oplysning om, hvordan man kunne undgå smitte. Der blev dog ikke afsat midler til den sidste del.

Bent Hansen ansøgte derfor Tipsmidlerne om penge til en kampagne internt i bøssemiljøet i slutningen af 1970'erne. Vi fik 20.000 kr., ikke meget, men det var første gang der blev givet penge til den form for oplysning fra Tipsmidlerne. Pengene gik til en pjece, som Bent Hansen og Kurt Sandau omdelte på bøssesaunaer og bøssebarer i København. Dét var nyskabende, fordi pjecerne ikke bare blev puttet i en lukket kuvert og sendt til foreningens medlemmer. Men blev lagt de steder, hvor vi mente, de gjorde mest gavn. Og her blev den også vel modtaget.

Kontaktrådgiverne havde til brug for deres opgave såkaldte kontaktkort, som man påstod ikke var en del af journalen. Det er lidet troværdigt, idet klinikkerne var og er forpligtet til at føre fyldestgørende journaler, og også har interesse i det.

Bøsser havde (har?) af historiske grunde skræk for centrale registre. Det lykkedes for venerisk udvalg at få overbevist kontaktrådgiverne om, at kontaktkortene skulle destrueres efter 6 mdr., da registerskrækken ellers kunne få bøsserne til at tilbageholde oplysninger om smittekilder og i værste fald blive væk fra undersøgelserne.

Vi følte det dengang som en lille sejr, og erfaringerne herfra blev også brugt i de senere aids-kampagner. Samarbejdet med sundhedsmyndighederne var startet.

Historien om venerisk udvalg er i øvrigt godt beskrevet i "Bøssepesten "af Jan Fouchard, Bent Hansen og Henning Mikkelsen, p. 16-1 20 (Borgen 2005). Her beskrives angsten for centrale registre blandt bøsser også forbilledligt.

Gå-Ud-grupperne

"Alting startede, da jeg sprang ud! "

Selvom Landsforeningen ikke blev sat i verden for at servicere folkeskoler og gymnasier, havde vi en stor interesse i at informere elever i folkeskolen og gymnasiet om, hvad det vil sige at være bøsse eller lesbisk. På den ene side var det vigtigt af hensyn til de elever, der selv var det. På den anden handlede det for os om at forebygge diskrimination.

Samtidig var det en måde for os at orientere om vores arbejde og på den måde at være en del af den seksualpolitiske debat og bevægelse. Det blev til dét, vi kaldte "Gå-Ud-arrangementer", hvor en gruppe enten tog ud på en skole eller modtog en gruppe elever i vores lokaler.

Gå-Ud-arrangementerne lå i lokalafdelingernes regi. Og de blev meget populære fra slutningen af 1970'erne, måske fordi homoseksualitet blev meget omtalt i medierne, men også fordi der blev indført temadage og lignende i skolerne.

Den store efterspørgsel betød, at Københavnsbestyrelsen ikke kunne nå ud til de mange skoler, som henvendte sig. Derfor blev der på et medlemsmøde nedsat en Gå-Ud-gruppe, som skulle koordinere besøgene. Der var fast telefontid én dag om ugen.

Det var et problem, at der ikke var nogen uddannelse af de personer, der ønskede at deltage. De kunne sige det værste vrøvl med en organisation, der efterhånden blev antaget for at være seriøs, i ryggen.

Blandt nogle af de aktive i Gå-Ud-grupperne opstod der et ønske om at få et honorar for den tid, de brugte. Det var ikke muligt, da alle i foreningen arbejdede frivilligt. Det fik nogle til at falde fra - desværre også nogle af de gode.

Det var gratis for skolerne, hvis arrangementet fandt sted i Københavnsafdelingens lokaler. Men hvis vi skulle ud på en skole til én eller flere klasser, fik vi i begyndelsen rejseudgifter og lignende betalt efter regning. Det var ikke praktisk, og derfor blev der sat et fast beløb på 500 kr. for to personer i en klassetime og 1.500 kr. for flere personer og/eller flere timer. Pengene skulle indbetales på giro til Københavnsafdelingen, som så betalte fortæring (sandwich, øl, vand) og transport til de frivillige.

Det var svært at måle et konkret resultat af "Gå-ud"-gruppernes arbejde i folkeskolen, gymnasier og så videre. Men for os var det vigtigt, at eleverne fik information om foreningens arbejde med ligestilling for bøsser og lesbiske. Da det samtidig meget ofte var unge studerende, der kunne afse tid i skoletiden til arrangementerne, var de om ikke jævnaldrende, så dog nogenlunde lignende størrelser, som eleverne kunne identificere sig med. Desuden kunne de bøsser og lesbiske, der deltog i de arrangementer, vi kom ud til, kunne se, at de ikke var de eneste i verden.

Der var også mindre grupper af elever, som kom ind på Københavnsafdelingens lokaler. De skulle ofte bagefter lave en lille rapport/stil til klassen eller klasselæreren. Med kopi til Københavnsafdelingen. Det gav et godt indblik i, hvad de faktisk havde fået ud af mødearrangementerne. Det var ikke altid munter læsning, fordi eleverne ofte generaliserede ud fra de personlige beretninger, fra oplægsholderne, der brugte deres personlige erfaringer.

Håndtering af elevhenvendelser

"Vi vil gerne have møde med jer i morgen tirsdag kl. 10.00, fordi vi har temauge og skal være færdige med rapporten fredag", var en typisk henvendelsesform.

Svaret var nej – kom i næste uge. For det var vigtigt, at eleverne var forberedte inden mødet. Der blev typisk sendt materiale ud til skolerne, fx nogle numre af Pan-bladet og en artikel af en sexolog om lovgivningen om seksualitet gennem tiderne i det vestlige Europa.

Faglige ligestillingsgrupper

Det var en gruppe postarbejdere, der var de første der kom på banen for at kræve ligestilling på arbejdsmarkedet for bøsser og lesbiske. En gruppe postarbejdere skrev sidst i 70'erne flere læserbrev, hvor de beskrev den manglende ligestilling. Flere af dem var selv bøsser eller lesbiske og havde oplevet at blive forskelsbehandlet på grund af deres identitet og seksualitet.

De tog også kontakt til Landsforeningen, og det førte til at vi arrangerede en høring på Zahles Seminarium i København, som satte fokus på problemerne. Et panel på 5 vidner berettede på skift om forskellige situationer, hvor de var blevet udsat for mobning og anden form for diskrimination på deres arbejdsplads.

Høringen førte til, at der blev oprettet faglige ligestillingsgrupper inden for folkeskolelærerne, socialrådgiverne, socialpædagogerne og gymnasielærerne. Alle grupperne blev støttet af Landsforeningen, og mange holdt deres møder i foreningens lokaler.

Især bøsse/lesbisk lærergruppe var meget aktiv og rejste rundt i landet og besøgte en række seminarier for at orientere om gruppens arbejde. Gruppen var blevet etableret først i 1980'erne, hvor dets første møde blev holdt på Zahles Seminarium. Det var blevet indkaldt gennem annoncering i 'Pan-bladet' og omtale i Danmarks Lærerforenings blad 'Folkeskolen'.

Lærergruppen voksede gennem tiden til 250 medlemmer. Gruppen holdt jævnlige møder og medlemmerne støttede og hjalp hinanden, hvis nogen havde været udsat for ubehageligheder på arbejdspladsen. Den skjulte dagsorden var ofte, at gruppens medlemmer skulle være åbne på deres skole, så både kolleger, elever og forældre kunne forstå, at vi ikke ville finde os i at blive udsat for mobning eller anden form for diskrimination på arbejdet.

I enkelte tilfælde drøftede gruppen med hovedstyrelsesmedlemmer i Danmarks Lærerforening, hvilke strategier, der ville virke bedst. Flere gange stillede fagbladet 'Folkeskolen' spalteplads til rådighed, så lærergruppen kunne informere om sit arbejde og sætte fokus på den urimelige situation, som mange bøsse/lesbiske lærere befandt sig i, fordi de ikke turde være åbne på deres skole.

Lærergruppen eksisterede i 10 år. Nogle af gruppens ledende personer forlod på det tidspunkt deres lærerjob, fordi de fik ansættelse inden for Landsforeningens hiv/aids-arbejde. Gruppen blev desuden i løbet af årene økonomisk støttet af Bikubenfonden.

En øjenåbner

Som frontfigur i den seksuelle frigørelse, som Landsforeningen som anså sig selv for at være, tillod foreningens Københavnsafdeling på et medlemsmøde i begyndelsen af 1980'erne, at en gruppe pædofile kunne holde møder i afdelingens lokaler i Knabrostræde. Formålet med gruppen og hele dens arbejdsområde var meget vagt formuleret, og den fortsatte i al ubemærkethed sine møder, indtil den begyndte at komme i offentlighedens søgelys.

Der var således på intet tidspunkt nogen intern debat eller beslutning om, at Landsforeningen indirekte støttede seksuelle handlinger, der på ingen måde kan siges at være mellem ligestillede parter. Det store flertal af foreningens medlemmer anede ikke, at gruppen fandtes. Sagen kom senere op på et landsmøde, hvor et flertal besluttede, at gruppen skulle have tilladelse til at mødes i foreningens lokaler. Det handlede jo kun om retten til at kunne mødes. Forsamlingsfriheden. Og udgangspunktet var, at der var tale om en politisk/social gruppe, hvor der ikke foregik noget ulovligt med mindreårige.

Men sådan skulle det ikke gå, for sagen tog sin egen drejning. På mindst to måder. Landsmødets beslutning vakte megen vrede i især lesbiske kredse, og der blev indkaldt til et ekstraordinært landsmøde med det formål at forhindre gruppen i at holde møder i foreningens lokaler. Det lykkedes på landsmødet med et meget stor flertal.

Men lige forud for det ekstraordinære landsmøde var der sket det, at flere fra Landsforeningens ledelse tilfældigt havde overhørt en meget højlydt og ophidset diskussion blandt de fremmødte medlemmer af pædofilgruppens medlemmer. Heraf fremgik det, at foreningen var blevet ført bag lyset, og der rent faktisk foregik en udnyttelse af de mindreårige.

Nu var det ekstraordinære landsmøde indkaldt, så det skulle naturligvis afholdes. Men efter denne episode kunne ingen fra Landsforeningens ledelse gå i front og forsvare pædofilgruppens ret til at mødes i foreningens lokaler.

Hvad der siden er sket med gruppen, vides ikke.

Det internationale arbejde

Sidst i 1970'erne opstod tanken om at danne et internationalt netværk af homoseksuelle, der kunne sikre en effektiv reaktion på homofobiske angreb og kunne fungere som en platform for fælles kampagner med diskrimination og forfølgelse af homoseksuelle. Landsforeningen har gennem årene været dybt involveret i det internationale arbejde gennem engagement i internationale LGBT-foreninger og arbejde med at påvirke europæiske og internationale organisationer, som EU, Europarådet, Nordisk Råd og FN.

Idéen til at danne en international forening opstod på den engelske organisation CHEs årsmøde, hvor man havde inviteret gæster fra udlandet. På den måde gik det til, at Landsforeningen deltog i stiftelsen af The International Gay Association IGA på et møde i Coventry i England i 1978. Foreningen var repræsenteret ved Bent Hansen og Mogens Madsen. Og det var i virkeligheden bare en samling aktivister, der havde fundet sammen for at bekæmpe homofobi.

Det var oprindeligt tanken at etablere et europæisk netværk, men der dukkede delegater op fra USA og Australien og de fik overbevist mødet om, at der skulle være tale om en verdensomspændende organisation. Ingen kvinder deltog i mødet, så det blev besluttet at ordet "lesbisk" skulle indgå i navnet, når kvinder blev involveret.

Selvom 1978 anses for stiftelsesåret af den organisation, der nu hedder ILGA, the International Lesbian, Gay, Bisexual, Trans and intersex Association, blev organisationen som sådan først formelt etableret året efter på den 1. internationale konference i Bergen i Holland. Der var tale om et mere formelt møde med delegater fra 17 lande, som blev modtaget på rådhuset i Amsterdam.

Landsforeningen var repræsenteret af Bent Hansen, Henning Sandau og Kurt Sandau. På mødet blev det besluttet at arbejde for en ændring af WHOs sygdomsklassifikation, hvori homoseksualitet var klassificeret som en sygdom, og af vilkårene for, at immigranters partnere af samme køn kunne følge den immigrerende, samt at søge konsultativ status hos FN og Europarådet.

De samme tre fra Landsforeningen deltog i konferencerne i Barcelona i 1980, hvor flere kvinder deltog (45 ud af 170), og i Torino i 1981.

Selv om der nu var et rimelig stort antal aktive kvinder i organisationen, blev det besluttet ikke at inddrage ordet "lesbiske" i navnet, da et flertal mente, at det ville indikere en kunstig skelnen mellem homoseksuelle mand og kvinder. I stedet blev der indsat en undertitel i navnet: "International Association of Gay Men and Women".

I 1980 blev der desuden etableret et kvindesekretariat som en del af IGA: The International Lesbian Information Service (ILIS) med sæde i Amsterdam. Men allerede året efter i Torino brød ILIS ud af IGA og blev en selvstændig organisation.

Konferencen i Torino var i det hele taget meget stormfuld. Her blev organisationens første sæt vedtægter endeligt vedtaget efter en heftig og langvarig debat om blandt andet stemmeregler – skulle man stemme landevis eller organisationsvis? Det endte med organisationsvis.

Inden hovedkonferencen havde der været afholdt en konference kun for kvinder. Her deltog Lizzie Elmøe og Merete Brusendorff fra Landsforeningen, mens Kurt og Henning deltog i forberedelserne til hovedkonferencen. Her var Henning ordstyrer på plenummøderne. COC havde sat sig tungt på udarbejdelse af de nye vedtægter, som blev vedtaget på mødet.

I mødet deltog også en gruppe lesbiske pædofile fra England medbringende "deres" småpiger. De kaldte sig med rette for Fallen Angels. Der deltog i det hele taget nogle pædofilgrupper i begyndelsen af 80'erne. Det var hård kost for Lizzie, hendes datter må have været omkring 11-12 år. Men hun og vi måtte sande, at pædofile ikke kun er grimme mænd - men altså også kvinder.

Landsforeningen var blev valgt til Financial Secretariat med ansvar for IGAs (stærkt begrænsede) økonomi i Barcelona i 1980. En post foreningen beholdt frem til 1987.

Posten som Financial Secretariat medførte en del rejser for Kurt og Henning. Oftest for egne midler på grund af Landsforeningens økonomi - og for den sags skyld IGA/ILGAs økonomi.

Adskillige gange gik turen til Amsterdam til møder med Landsforeningens søsterorganisation COC, som vel sammen med Landsforeningen organisatorisk var én af de fremmeste homo-organisationer her i begyndelsen af 1980'erne.

Allerede fra 1980 begyndte de europæiske organisationer af holde årlige separate konferencer. I 1982 blev konferencen holdt i Strasbourg, og der var booket et Youth Hostel til formålet, men da den katolske kirke, som ejede hostellet, opdagede hvad konferencen handlede om, annullerede de aftalen i sidste øjeblik. Ekstra Bladet fik en solohistorie serveret! Konferencen måtte derfor afholdes i telte! Det var heldigvis i april måned - for fra december 1982 i Edinburgh og derefter fandt de europæiske konferencer altid sted mellem jul og nytår!

Konferencer mellem jul og nytår
Da Kurt og Henning nu havde en rolle i IGA/ILGA blev de ofte Landsforeningens repræsentanter på møder i organisationen. En lidt øl-våd nytårsaften i Edinburgh, nogle lune, (17 grader), men ikke særlig godt forberedte nytårsdage i Barcelona (hverken fest, mad eller drikke nytårsaften), Torino, Bologna med kæmpe nytårsfest i én af de historiske byporte, Gent, Köln og Wien. Konferencerne hen over nytåret fortsatte helt frem til oprettelsen af ILGA-Europe i 1996.

Landsforeningen arrangerede ILGA-konferencen i København i 1986

Landsforeningen var vært for IGAs 8. internationale konference i 1986. Den fandt sted på Tidens Højskole i Isterød (som ejedes af Sømændenes Forbund, der var tæt knyttet til de danske kommunister (DKP)). Her overvågede en kæmpe statue af Lenin i parken det hele! Statuen står nu i en lille baggård bag Arbejdermuseet i København.

På konferencen blev den første større ændring af IGAs vedtægter vedtaget, herunder oprettelsen af to poster som generalsekretær – en mand og en kvinde. De to poster findes fortsat, men nu er reglen, at mindst én skal identificere sig som kvinde. Endvidere blev organisationens navn ændret til International Association for Lesbians and Gay Men (ILGA) efter en lang debat, hvor mange kvinder argumenterede imod ændringen, fordi de ikke opfattede sig som lesbiske, men som gay women.

Denne konference kom til at betyde meget for Steffen Jensen, idet han lige siden da har været involveret i internationalt LGBT-arbejde, ikke blot i Landsforeningen, men også i ILGA og navnlig ILGA-Europe.

Da det engelske flag blev vasket

Landsforeningen var vært for den europæiske ILGA-konference i 1990. Et stort tema på konferencen var den engelske ”Clause 28” – en lovbestemmelse, som Margret Thatcher havde fået indført og som forbød positiv omtale af homoseksualitet i skoler mv. og fratog kommuner statsstøtte, hvis de ”fremmede homoseksualitet”! Det var regler, som svarer til dem, der i dag findes i bl.a. Rusland og Ukraine.

På konferencen deltog en række ret militante englændere, som mente, at konference skulle tage afstand fra Clause 28 ikke i ord – som vi naturligvis gjorde – men også i handling ved at afholde en demonstration på Rådhuspladsen i København, og herunder afbrænde det engelske flag.

Vi ville gerne arrangere en demonstration, men var ikke begejstrede for idéen med at brænde et flag. Det var ikke set før i Danmark, og ville antagelig blot betyde, at folk ville tage afstand fra demonstrationen. Men englænderne var højlydt uenige, og mente, at afbrændingen absolut skulle gennemføres.

Inge-Lise Paulsen kom så det forløsende forslag, nemlig i stedet at vaske det engelske flag! Section 28 var en plet på flaget, der skulle renses af. Og sådan blev det – vi indkøbte en kæmpe balje, fyldte den med sæbevand og vaskede et engelsk flag.

Det tiltrak mange på Rådhuspladsen og den følgende dags aviser havde mange positive artikler om begivenheden, og vendte sig imod

Clause 28. Hvis vi havde brændt et flag, havde begivenheden næppe fået positive reaktioner fra pressen.

International interesse for partnerskabsloven

Efter vedtagelsen af partnerskabsloven i 1989 blev Danmark verdensberømt – i hvert fald i LGBT-kredse, så vi var meget efterspurgt som oplægsholdere ikke kun på ILGAs konferencer, men også på talrige andre. Fx inviterede nogle amerikanske LGBT-organisationer os til at holde oplæg om partnerskabsloven. De blev som regel dybt overrasket over at høre, at Landsforeningen havde eksisteret siden 1948, da de troede at al homokamp begyndte med Stonewall i 1969! Også i universitetsverdenen vakte loven opsigt, fx deltog Steffen i en videnskabelig konference på universitetet i Nanterre uden for Paris efter Norge og Sverige også havde fået partnerskabslove, hvor han holdt et oplæg om den skandinaviske model. Den udkom senere på fransk i en bog: ”homosexualités et droit”, redigeret af Daniel Borillo (Presses Universitaires de France, 1998). Artiklen findes i en engelsk udgave her.

ILGA udgav i nogle år nogle ”Pink Books” med relevante artikler fra hele verdenen. I The Third Pink Book skrev Bent og Henning med titlen” The Danish Partnership Law: Political Decision Making in Denmark and the National Danish Organization for Gays and Lesbians” (Prometheus Books, New York 1993).

Involveringen i det europæiske arbejde

Som nævnt holdt de europæiske medlemsorganisationer af IGA/ILGA-konferencer hvert år mellem jul og nytår. Det har givet mange og meget forskellige oplevelser af nytårsfejring rundt omkring i Europa – fra bidende kulde i et telt ved et badehotel i Letland over en kæmpe meget oplyst sportshal i Bruxelles til et lille arrangement i kontorlokaler i Athen – men altid sammen med samarbejdspartnere som efterhånden var blevet gode venner fra hele Europa.

I 1990 var Landsforeningen vært for den europæiske konference. Det var egentlig Manchester, der skulle have været vært, men de sprang fra med kun få måneders varsel på grund af nogle interne stridigheder. Vi sprang til, og fik i løbet af kort tid stablet en konference på benene. Den blev afholdt på Zahles Seminarium i København.

Konferencemiddagen blev holdt i de smukke nyindrettede lokaler på Toppen af pakhuset, og Kurt – som var og er en blændende kok – stod for middagen sammen med Mogens Gad. Det var alt sammen perfekt, men der var ikke kapacitet nok i huset til at varme suppen op, så der gik meget lang tid, før den blev serveret, men der var rigeligt med vin, så stemningen var høj, da suppen nåede frem – og det forblev den hele aftenen.

Det var jo før internettets tid, så kommunikation mellem konferencerne skete gennem breve og telefon, så fælles planlægning af initiativer og blot gensidig orientering om, hvad der skete i landene, var besværlig, og det var svært at holde alle opdateret. Der var et par mindre grupper på hver 10-15 personer, som var kernen i forhold til vores arbejde med EF og Europarådet – i alt vel ca. 25 personer, som hyppigt kommunikerede med hinanden. Men det var alligevel vanskeligt.

De to arbejdsgrupper om henholdsvis EF og Europarådet smeltede efterhånden sammen, og vi var en gruppe på 15-20 engagerede bøsser og lesbiske, som arbejdede på at få homoseksualitet gjort synligt i de to centrale europæiske organisationer – og senere også i OSCE (Organisationen for Sikkerhed og Samarbejde i Europa).

Landsforeningen og stiftelsen af ILGA-Europe og de første år

I løbet af 1990'erne arbejdede ILGA sig gradvist frem mod en struktur, hvor de enkelte regioner fik større autonomi og indflydelse. Den europæiske havde jo allerede arbejdet separat og parallelt med ILGA siden etableringen af organisationen, men også de øvrige regioner var efterhånden vokset og havde fået lokale strukturer.

Den europæiske konference 1996 i Madrid blev samtidig stiftende møde for den nye selvstændige regionale afdeling af ILGA med navnet ILGA-Europe. Steffen spillede en central rolle på konferencen, idet han sammen med Jackie Lewis fra UNISON i England havde udarbejdet udkast til vedtægter for den nye organisation. De to er senere blevet kaldt "papa og mama constitution"!

Den første bestyrelse for ILGA-Europe blev valgt i Madrid og kom til at omfatte flere fra den gamle arbejdsgruppe om EF og Europarådet, herunder Steffen, som herudover blev valgt til kasserer.

På mødet blev det vedtaget at arbejde videre med en Action Plan med 24 ideer til "European Commission led initiatives towards equality for lesbians and gay men in Europe", som blev forelagt i udkast, og som bestyrelsen gjorde færdig i løbet af det kommende år.

Efter Amsterdamtraktaten har Europakommissionen taget adskillige skridt i retning af bedre vilkår for LGBT-personer (se nedenfor), men det er interessant at se, at i den handlingsplan, som Kommissionen fremlagde i 2016, er der forslag, som vi bragte frem allerede i 1997.

I ILGA-Europes bestyrelse færdiggjorde vi Action Planen og forsøgte at få den afsat til Europa Kommissionen, vi havde adskillige møder med venlige men afvisende embedsmænd fra Kommissionen. Begrundelsen var, at traktaten ikke gav Kommissionen mulighed for at gøre noget.

Det var derfor afgørende for os at få traktaten ændret, så EF fik mulighed for at agere på vores område. Traktaten stod netop foran en ændring, og udkastet indeholdt en bestemmelse om, at Rådet kunne træffe foranstaltninger til bekæmpelse af diskrimination på en række områder. Spørgsmålet var, om seksuel orientering kom med blandt disse områder.

Vi iværksatte en meget omfattende lobbyindsats både i Bruxelles og i medlemslandene for at sikre, at vi som bøsser og lesbiske kom med i den pågældende bestemmelse (artikel 13 i den senere Amsterdamtraktat). Det var ikke ligetil at overbevise regeringerne rundt om i medlemslandene om vigtigheden af dette.

Landsforeningen gjorde med Steffen som drivkraft en stor indsats for at sikre støtte til den rigtige formulering af bestemmelsen hos ikke kun den danske regering, men også regeringerne i en række andre lande. Den danske regering var principielt positiv, men ville ikke rigtigt gøre noget aktivt for sagen.

Men det lykkedes!

En vigtig sidegevinst ved Amsterdamtraktaten for ILGA-Europe blev, at der nu også blev afsat penge i EUs budgetter til at støtte organisationer på de minoritetsområder, der var nævnt i artikel 13 i traktaten.

Det betød, at ILGA-Europe allerede fra år 2000 fik tilskud fra Kommissionen som en europæisk paraplyorganisation for homoseksuelle, og det indebar, at vi kunne ansætte den første medarbejder på kontoret i Bruxelles.

Men det betød også, at den økonomiansvarlige i bestyrelsen – Steffen – besluttede ikke at genopstille til bestyrelsen, efter at han var blevet valgt fire år i træk, da han vanskeligt kunne se sig selv som personaleleder i Bruxelles samtidig med, at han var kontorchef i Undervisningsministeriet i Danmark. Det hang ikke tidsmæssigt sammen!

Han har dog stadig tætte forbindelser til ILGA-Europe og har været dirigent ved de årlige konferencer fra 2001 til 2013.

Landsforeningens bidrag til ILGA-Europes udvikling

Siden de første tilskud fra Kommissionen er såvel disse som midler fra andre kilder vokset støt og i 2017 har ILGA-Europe et budget på 2,7 mio. euro og ca. 20 ansatte. Det falder uden for denne beretnings rammer at berette om de mange succeser, ILGA-Europe har haft i de forløbne år.

Redaktion for EuroLetter

I 1980'erne havde ILGA etableret en arbejdsgruppe der beskæftigede sig med spørgsmål omkring Europarådet og Konferencen om Sikkerhed og Samarbejde i Europa, CSCE (senere Organisationen for Sikkerhed og samarbejde i Europa - OSCE). Og fra 1991også en arbejdsgruppe til at behandle spørgsmål om EF (senere EU).

Arbejdsgrupperne bestod hver af ca. 10-15 personer fra europæiske lande og ganske mange var medlemmer af begge arbejdsgrupper. Så alt i alt var vi mindre end 20 personer involveret i arbejdet. Jeg var med i begge.

I maj 1990 blev der parallelt med et stort møde i CSCE om menneskerettigheder i København afholdt en lille konference for den arbejdsgruppe, som arbejdede med denne organisation. Formålet var at udarbejde et udkast til protokol til den Europæiske Menneskerettighedskonvention om diskrimination baseret på seksuel orientering og at planlægge vores arbejde for at få en sådan protokol på Europarådets dagsordenen.

På mødet blev det besluttet, at Landsforeningen med Steffen Jensen som drivkraft skulle fungere som koordinator for arbejdsgruppen i den forstand at vi skulle indsamle og sprede information fra og til arbejdsgruppens medlemmer - og opgaven blev udvidet til EF-arbejdsgruppen, da den blev oprettet det følgende år.

Dette var før internettet, så indsamling og spredning af information skete via papirpost og telefoner. Oplysningerne blev sendt ud til arbejdsgruppernes medlemmer via et nyhedsbrev - normalt med kopier af de oplysninger, vi havde fået fra arbejdsgruppens medlemmer.

I løbet af 1990 og 1991 udsendte vi 14 nyhedsbreve til den arbejdsgruppe, der arbejdede med Europarådet og Sikkerhedskonferencen og i januar 1992 et nyhedsbrev til den nyoprettede EU-arbejdsgruppe. Fra februar 1992 kombinerede vi nyhedsbrevene til ét under navnet EuroLetter og sendte det til begge arbejdsgrupper.

De første 30 numre af EuroLetter – dvs. frem til 1995 - blev kopieret og udsendt pr. brevpost til arbejdsgruppernes medlemmer.

Fra november 1994 fik Steffen Jensen adgang til det nye internet og kunne at modtage informationerne fra de af de øvrige medlemmer af arbejdsgrupperne, der havde adgang til nettet. Fra nr. 31 (februar 1995) blev EuroLetter også distribueret via e-mail til de (få) medlemmer af arbejdsgrupperne der havde adgang til e-mail – og brevene blev gemt på en gopher-server hos SETA i Finland.

De første 29 udgaver af EuroLetter var resuméer af vedlagte kopier af oplysninger modtaget fra medlemmer af arbejdsgrupperne, men fra nr. 30 og videre blev alle oplysninger i nyhedsbrevet skrevet i en fil. Da det blev muligt at modtage EuroLetter gennem e-mail steg antallet af (gratis) abonnenter hurtigt, og da vi overdrog redaktionen til ILGA-Europe i 2005 bestod maillisten af ca. 700 adresser rundt om verden - inklusive andre maillister, så virkelig mange aktivister modtog EuroLetter.

Gennem årene er EuroLetter citeret i mange universitetsspecialer og andre akademiske artikler rundt om i verden, og Steffen Jensen fik regelmæssigt anmodninger om yderligere information baseret på artikler i EuroLetter – og får faktisk stadig henvendelser om indholdet af gamle numre af EuroLetter.

EuroLetter er i perioder blevet oversat til adskillige sprog: tysk og portugisisk stabilt fra 2000, og fransk i en længere periode, men også italiensk, ungarsk og slovakisk – dog kun få numre.

Landsforeningen overdrog i 2005 redaktionen af EuroLetter til ILGA-Europe, som nu havde en velfungerende kommunikationsenhed. Vi havde i løbet af de 15 år udsendt 122 EuroLetter plus de 15 første nyhedsbreve– og det udsendes stadigvæk 10 gange om året – nu under navnet Rainbow Digest. Alle numre – også de gamle – kan findes på www.ilga-europe.org.

Indholdet af EuroLetter

EuroLetters formål var at give faktuelle pålidelige og up-to-date information om de politiske, lovgivningsmæssige og retlige forhold i europæiske lande relevante for LGBT-personer.

Kilderne til oplysningerne i EuroLetter var grundlæggende et netværk et folk rundt om i Europa, som gav os oplysninger om ny udvikling, men også avisartikler, information fra LGBT-postlister (fx Euroqueer) mv.

Landsforeningen i FN

Efter at paraplyorganisationen ILGA - som Landsforeningen er medlem af - gennem mange år forgæves havde søgt om at få rådgivende status ved FN, blev det besluttet at Landsforeningen skulle søge om denne status. Det var en bureaukratisk og langstrakt proces, men i 2006 blev foreningen den første LGBT-organisation med konsultativ status.

Baggrund var den, at ILGA i 1993 fik en form for begrænset konsultativ status ved FN (såkaldt roster consultative status), som betyder, at man har mulighed for at udtale sig om udvalgte områder.

Men det varede kun kort tid, da USA, Canada og Australien allerede i september samme år meddelte, at de ikke kunne støtte ILGAs status, fordi ILGA havde nogle pædofilorganisationer som medlemmer. Det handlede først og fremmest tale om NAMBLA (North American Man Boy Love Association), som indtil da ikke havde været synlige i ILGA, men det blev de nu i en kort periode, hvor de deltog i møderne og havde medbragt nogle endog meget unge fyre.

På den måde blev ILGAs medlemmer opmærksomme på NAMBLA, som de bestemt ikke sympatiserede med. Og på konferencen i New York i 1994 blev der stillet forslag om at fratage NAMBLA og to andre organisationer deres medlemskab. Forslaget blev vedtaget med overvældende flertal. De skandinaviske lande havde på forhånd sikret, at alle lokalafdelingerne i vores organisationer var blevet medlem af ILGA, så vi rådede tilsammen over 64 stemmer, som alle blev brugt til at sikre flertal for at fratage pædofilorganisationerne deres medlemskab.

I forhold til FN – eller rettere navnlig USA repræsenteret af senator Jesse Helms – var det dog langt fra tilstrækkeligt.

På konferencerne de efterfølgende år blev der vedtaget udtalelser, ændringer af vedtægter med videre for at understrege, at ILGA var imod pædofili og aldrig havde advokeret for pædofili samt lagde vægt på børns rettigheder. Men ikke desto mindre blev ansøgningerne om NGO-status afvist uden anden begrundelse end nogle dunkle henvisninger til, at ILGA havde forbindelser til pædofili.

Derfor blev det besluttet at ændre strategi. En række gamle veletablerede LGBT-organisationer – det var Landsforeningen, RFSL fra Sverige, LLH fra Norge, COC fra Holland, LSVD i Tyskland, HOSI Wien, ILGA-Europe, CGLQ fra Canada m.fl. – søgte enkeltvis om NGO status hos FN for at sikre, at LGBT-synspunkter blev fremført i FN. Og for at foreningerne kunne ”låne” deres status ud til ILGA.

Landsforeningen var første LGBT-organisation, der fik NGO-status i FN

Landsforeningen indgav ansøgningen i maj 2005. Det var i sig selv et større projekt, da ansøgningen skulle bilægges en række dokumenter oversat til engelsk: vedtægter, bevis for foreningens eksistens, regnskaber, beretning, arbejdsområder og formål også videre og så videre. Steffen Jensen stod for denne og den efterfølgende proces.

I november blev vi bedt om supplerende bemærkninger og efter en foreløbig behandling i et underudvalg endnu flere supplerende bemærkninger i december, herunder om vores relation til pædofili (fordi vi havde oplyst, at vi samarbejdede med ILGA!). ILGA havde søgt igen og skulle behandles på samme møde i underudvalget i januar 2006.

Gennem gode kontakter i New York havde vi fundet ud af, at en gruppe af lande (Iran, Sudan, Zimbabwe og Ægypten) ville stille forslag om at afvise ansøgningen uden behandling, og at USA antagelig ville støtte dem! Kun 6 af udvalgets 19 medlemmer ville umiddelbart støtte os. Dette fik vi besked om aftenen før mødet, og vi kontaktede straks Danmarks ambassade ved FN i New York og spurgte, om den kunne påvirke processen og navnlig USA dagen efter.

Den danske ambassade mødte op til mødet dagen efter og holdt et blændende indlæg, hvor de roste Landsforeningen for vores professionelle arbejde gennem mange år og tog kraftigt afstand fra forslaget om ikke at behandle ansøgningen. Vi var meget imponerede over et så hurtigt og klart indgreb fra ambassadens side.

Men desværre gik nogle lande – herunder USA – sammen med den gruppe, der ville afvise vores og ILGAs ansøgninger. USAs begrundelse i forhold til ILGA var den gamle pædofilisag, men der var ingen begrundelse vedrørende Landsforeningen. Vi udsendte en pressemeddelelse med overskriften ”USA og Iran hånd i hånd mod Landsforeningen for Bøsser og Lesbiske”. New York Times havde en historie om sagen et par dage efter – foranlediget af én af vores venner i New York.

Men det var jo "kun" en indstilling fra et underudvalg, så nu måtte vi i gang med at lobbye selve det Økonomiske og Sociale Råd (ECOSOC), hvor den endelige afgørelse lå.

Vi og andre skrev til venligsindede medlemmer af Kongressen. Det førte til et brev til udenrigsminister Condoleezza Rice underskrevet af 45 medlemmer af Repræsentanternes Hus og et tilsvarende underskrevet af tre senatorer, hvor de anmodede ministeren om at genoverveje USAs holdning til sagen. I et svar forholdt ministeriet sig udelukkende til ILGA, og forklarede, at USA stemte imod ILGA på grund af den tidligere forbindelse til NAMBLA. Men ikke et ord om Landsforeningen. Barney Frank, der var medlem af Repræsentanternes Hus, skrev tilbage og bad om en begrundelse vedrørende Landsforeningen. Han fik, svar i juli 2006, hvor ministeriet svarede, at Landsforeningen var medstifter af ILGA og, at man ikke havde kendt til vores holdning til pædofili, da man stemte, men det gjorde man nu og ville derfor stemme for Landsforeningen, når sagen kom op igen.

Steffen Jensen skrev også til Condoleezza Rice i marts 2006 og gjorde bl.a. opmærksom på, at de skandinaviske medlemmer af ILGA, herunder Landsforeningen, havde været ledende i fratagelsen af pædofilorganisationernes medlemskab af ILGA.

En række andre menneskerettighedsorganisationer med konsultativ status sendte en såkaldt petition til ECOSOC, hvor de opfordrede til at underudvalget skulle have besked om at vurdere vores ansøgningen på vores faktiske arbejde. Specielt ARC International – en canadisk baseret menneskerettighedsorganisation, og deres FN-specialist, John Fisher gjorde en kæmpeindsats for at støtte os og de øvrige LGBT-organisationer.

ECOSOC skulle have behandlet sagen i maj 2006, men udskød den til juli samme år. I mellemtiden havde tre andre LGBT-organisationer indsendt ansøgninger til behandling i underudvalget, som også afviste dem.

Landsforeningen havde sendt Martin Iversen Christensen til julimødet i Geneve og ILGA-Europe havde sendt en af sine forpersoner, den transkønnede Deborah Labilotte. Her afviste rådet at give ILGA konsultativ status. Spørgsmålet om Landsforeningen endte lidt i kaos, fordi man stemte imod indstillingen om at afvise os, men også imod at optage os direkte og imod at sende sagen tilbage til udvalget. Så udskød man sagen, til man havde tænkt sig bedre om. USA stemte for os hele vejen igennem denne gang.

Nyt lobbyarbejde blev sat i gang - primært af ARC International and andre, der var til stede under møderne, herunder tyske LSVD.

Sagen kom op i ECOSOCs møde i december 2006, og her blev Landsforeningen, ILGA-Europe og LSVD givet konsultativ status.

Først i 2011 lykkedes det for ILGA at opnå samme status.

FN-status
Den konsultative status betyder, at Landsforeningen har adgang til og kan udtale sig skriftlig og mundtligt ved de forskellige møder i FNs organer, ligesom FN kan søge råd hos os i LGBT-spørgsmål. Det sidste er nu ikke sket. Foreningen har på sin side pligt til at orientere sine medlemmer og andre om FN og FNs arbejde.

Påvirkning af lovgivningsarbejdet i EU

I takt med EUs stigende betydning for LGBT-personers ligestilling, både i Danmark og de øvrige EU-lande intensiverede Landsforeningen arbejdet med at påvirke lovgivningsarbejdet her.

Europa Parlamentet har lige siden 1984 været meget proaktiv i forhold til at rejse opmærksomhed om LGBT personers rettigheder. Det italienske parlamentsmedlem Vera Squarcialupi var hovedkraften i en omfattende rapport om homoseksuelles situation i EU-landene og en resolution, som Parlamentet vedtog i 1984.

Rapporten opfordrede medlemslandene til at afskaffe diskrimination, indføre samme lavalder for homo- og heteroseksuelle forhold, forbyde registrering af homoseksuelle og slette homoseksualitet i sygdomsfortegnelsen.

Parlamentet vedtog løbende en række udtalelser om homoseksuelles vilkår, og det mundede i 1994 ud i en ny omfattende resolution, som tyske Claudia Roth stod bag.

Udover en række ad hoc udtalelser, udsender Parlamentet årlige menneskerettighedsrapporter, som i mange år har indeholdt store afsnit om situationen for LGBT-personer.

Endelig har Parlamentet nedsat en såkaldt Intergroup med medlemmer fra alle partigrupperinger om LGBT-rettigheder.

Men Parlamentets positive holdning var imidlertid ikke nok til at EF (nu EU) reelt kunne gennemføre lovgivning, der kunne ændre på forholdene for LGBT-personen. Først med Amsterdamtraktaten (se nedenfor) kom der skub i sagerne, idet der nu blev indført en hjemmel til, at Kommissionen og Ministerrådet kunne vedtage lovgivning på området.

Det har ikke alene ført til et antidiskriminationsdirektiv på arbejdsmarkedet, men også inkludering af seksuel orientering i en række andre retsregler, som fx charteret om grundlæggende rettigheder, direktiverne om fri bevægelighed m.fl.

I 1980'erne var der ikke enighed i Landsforeningen om vores holdning til EF/EU: Skulle vi arbejde på, at EF fik større indflydelse på LGBT-området, eller var det risikabelt. Kunne man risikere en harmonisering på laveste niveau?

Steffen – som heldigvis senere blev klogere, og som det fremgår overfor kom til at spille en aktiv rolle i forhold til EU og Amsterdamtraktaten – var bekymret for harmonisering på laveste niveau, og fik sammen med Jesper Jarmbæk sikret en beslutning på et landsmøde, som fastlagde foreningens negative holdning til EF/EU. Den blev senere ændret i god tid inden Amsterdamtraktaten kom på banen!

Amsterdamtraktaten og dens konsekvenser

Traktaten kom til at indeholde denne bestemmelse:

"Med forbehold af traktaternes øvrige bestemmelser og inden for rammerne af de beføjelser, som traktaterne tillægger Unionen, kan Rådet med enstemmighed på forslag fra Kommissionen og efter høring af Europa-Parlamentet træffe hensigtsmæssige foranstaltninger til at bekæmpe forskelsbehandling på grund af køn, race eller etnisk oprindelse, religion eller tro, handicap, alder eller seksuel orientering."

(Formuleringen er ændret lidt i Lissabontraktaten).

Denne bestemmelse gav Kommissionen mulighed for dels at udarbejde forslag til direktiver på området, dels at afsætte midler i de årlige budgetter til at formålet.

Det blev hurtigt til et direktiv mod forskelsbehandling på arbejdet på grund af blandt andet seksuel orientering, men et direktivforslag mod forskelsbehandling på andre områder indenfor EUs områder har nu været under behandling i mange år. Modstanden mod det vedrører mest handicapområdet, hvor nogle lande – primært Tyskland – er bekymret for de udgifter, direktivet vil medføre.

Påvirkning af Europarådet

Europarådet som omfatter stort set alle europæiske lande blev dannet efter 2. verdenskrig og har bl.a. ansvaret for den Europæiske Menneskerettighedskonvention og dermed også Menneskerettighedsdomstolen i Strasbourg.

På initiativ af blandt andet daværende medlem af Folketinget og Europarådets Parlamentarikerforsamling Bjørn Elmquist vedtog Parlamentarikerforsamlingen en resolution om diskrimination mod homoseksuelle, som blandt andet omfattede en opfordring til de medlemslande, hvor homoseksuelle forhold mellem voksne stadig var forbudt, til at ophæve forbuddet. Resolutionen indeholdt også en opfordring til medlemslandene om at sikre samme seksuelle lavalder for homoseksuelle forhold som for heteroseksuelle forhold.

Efter et møde i København i 1990 i ILGAs Europarådsarbejdsgruppe, hvor Steffen var medlem, besluttede vi at arbejde for at få en egentlig tilføjelse (en protokol) til den Europæiske Menneskerettighedskonvention om bekæmpelse af diskrimination på grund af seksuel orientering, og vi udarbejdede et udkast til en sådan protokol. Vi forsøgte – også her med stor støtte fra Bjørn Elmquist - at få nok medlemmer af parlamentarikerforsamlingen til at støtte forslaget, så det kunne fremsættes.

I december 1990 fremsatte en gruppe parlamentarikere med Bjørn Elmquist i spidsen et forslag om en rekommandation om fjernelse af diskrimination på grund af seksuel orientering, som herudover også rummede en opfordring til at give konsultativ status til ILGA, og et forslag til en tillægsprotokol til Menneskerettighedskonventionen. Sagen døde i den juridiske komité ironisk nok med tidligere justitsminister Ole Espersen som rapportør.

Dog lykkedes det at få åbnet for adgangen for LGBT-organisationer til at opnå konsultativ status i Europarådet. Steffen stod for ansøgningen for ILGA, og den blev godkendt i 1997. Den konsultative status har været flittigt brugt - og bruges jævnligt – af ILGA-Europa.

Dette var de første skridt fra Europarådets side for at sikre LGBT-personers rettigheder. De er siden blev fulgt op af en lang række vedtagelser fra såvel parlamentarikerforsamlingen som ministerrådet. Fx vedtog ministerrådet i 2010 en meget omfattende rekommandation om foranstaltninger til at bekæmpe diskrimination på grund af seksuel orientering eller kønsidentitet.

Som et eksempel kan det nævnes, at på den konference, der blev afholdt i København i forbindelse med World Outgames i 2009, præsenterede Europarådets daværende menneskerettighedskommissær Thomas Hammerberg en rapport om menneskerettigheder og kønsidentitet, hvori han opstillede 12 klare anbefalinger til medlemslandede.

Også den Europæiske Menneskerettighedsdomstol har spillet en central rolle for udviklingen af LGBT-rettigheder i Europa. Der har været ført en række sager for domstolen, herunder nogle meget spektakulære mod lande, som havde forbud nogle homoseksuelle handlinger – Irland, Nordirland og Cypern – som alle blev vundet mod staterne, som da også alle efterfølgende ændrede deres lovgivning. Men også en række andre sager om diskrimination på grund af seksuel orientering eller kønsidentitet har været ført for domstolen. I begyndelsen blev de fleste tabt, men efterhånden som den politiske udvikling har medført stadig større ligestilling mellem homo- og heteroseksuelle, har domstolen tager højde for det i sine domme og i stadig stigende omfang givet klagere medhold.

Samarbejdet i Nordisk Råd for Homoseksuelle

Landsforeningen var i 1981 med til at grundlægge Nordisk Råd for Homoseksuelle, men med EUs stigende betydning og ILGA-Europas stadig større årlige konferencer, sygnede organisationen hen fra omkring år 2000.

På et møde i Stockholm d. 31. januar 1981 mellem Landsforeningen (repræsenteret af Mogens Madsen), RFSL, Det Norske Forbundet af 1948 og finske SETA blev man enige om at indlede et løbende samarbejde mellem de nordiske organisationer – senere kom Island også.

Senere blev samarbejdet mere formaliseret og kaldt Nordisk Råd for Homoseksuelle (NRH). NRH mødtes som regel én gang årligt, men holdt også møder i forbindelse med ILGA-møderne, hvor alle organisationerne jo deltog.

Vi forsøgte flere gange at få midler til fælles projekter fra Nordisk Råd, men det lykkedes kun én gang: Vi fik støtte til at udarbejde en Nordisk bibliografi med LGBT-relevant litteratur. Bibliografien blev udgivet af Forlaget Pan.

Med opløsningen af Sovjetunionen fra 1989 og frem og de baltiske landes selvstændighed opstod tanken om at udvide NRH til også at omfatte Estland, Letland og Litauen. Men der var stærkt delte meninger om dette i de nordiske lande, og da ILGA-Europe var blevet det mest betydningsfulde samarbejdsforum i Europa, sygnede NRH langsomt hen.

Samarbejdet i Nordisk Råd for Homoseksuelle drejede sig fra begyndelsen om:

- Fejring af gay liberation (senere prides)
- Arbejde i forhold til myndigheder
- Afskaffelse af sygdomsklassifikation
- Informationsudveksling
- Lovgivningsspørgsmål
- Arbejdsmarkedsspørgsmål
- Nordisk Råd
- Europarådet

Bøsse/lesbisk International Lobby – International Afdeling

Da Landsforeningen i 1994 var gået i betalingsstandsning, dannede en gruppe af de medlemmer, der var særligt interesserede i det internationale arbejde en ny organisation – Bøsse/Lesbisk International Lobby – for at sikre en organisatorisk ramme for det internationale samarbejde, hvis Landsforeningen skulle gå konkurs.

Der var ikke tale om en konkurrent til Landsforeningen, snarere en søsterorganisation. Steffen var formand for denne lille forening i hele dens levetid, idet den blev opløst og indgik som en afdeling i den rekonstruerede landsforening nogle år senere.

IGLYO

International Gay and Lesbian Youth and Student Organisation begyndte som ILGAs ungdomsafdeling, men blev hurtigt en selvstændig organisation i tæt samarbejde med ILGA. Landsforeningen var fra begyndelsen også involveret i IGLYO, men det falder uden for denne beretnings rammer at beskrive det nærmere, da forfatterne allerede dengang var for alderstegne til at deltage i arbejdet!

Aids-konferencer

I 1982 tog Landsforeningens udenrigspolitiske udvalg til USA - ikke for at deltage i en hiv/aids-konference - ord som vi slet ikke kendte, men for at deltage i årsmødet i den Internationale bøsse/lesbiske organisation (IGA), som var blevet stiftet nogle år før. Det var første gang mange af os skulle til USA, og indrejsereglerne var dengang sådan, at bl.a. bøsser og lesbiske ikke kunne få visum til USA uden først at søge om dispensation fra bestemmelserne. For at sætte fokus på de latterlige bestemmelser, besluttede flere af os ikke at holde kæft med, at vi var homoer; men netop søge dispensation på de amerikanske ambassader hist og pist. Vi fik dispensation, men fik kun lov til at opholde os i USA i 4 uger. Til gengæld blev der sat meget fokus på sagen i pressen, og såvel den danske som den norske delegation blev modtaget på den danske ambassade i Washington.

Mødet blev afholdt i Washington D.C. Men vi benyttede også lejligheden til at besøge bøssemiljøerne i New York og San Francisco. Det som berørte os mest i forhold til den 'nye mystiske sygdom' var de forskellige symptomer, de syge bøsser havde. Nogle fik store vægttab, eller alvorlige lungebetændelser måske en særlig hudkræft (kaposis sarkom), som ellers meget sjældent rammer unge mænd.

Næste gang nogle fra Landsforeningen skulle til USA var nogle år efter, og denne gang skulle vi for første gang deltage i en international hiv/aids-konference. Nu havde sygdommen fået et navn: Aids og man havde fået isoleret det virus, som ødelagde de smittedes immunforsvar: Hiv. Ganske vist var franskmændene og amerikanerne i flere år uenige om, hvem der havde løst mysteriet vedr. hiv. Efter nogle år enedes de dog om, at de begge kunne tage æren for det.

Vi deltog i mange hiv/aids-konferencer og bøsse/lesbiske sundhedskonferencer i USA de følgende år. Vi fik undervejs mange gode ideer, som vi kunne tage med hjem og iværksætte i Danmark i de største byer. En af de største succeser, vi tog med hjem fra USA, var oprettelse af Aids-Linjen - en efterligning af de amerikanske Hotlines, som blev drevet af meget få ansatte og en stor gruppe af frivillige rådgivere. Netop den model gjorde dem billige i drift, hvilket blev et vigtigt argument overfor de danske politikere, som skulle bevilge pengene til oprettelse og driften af den danske Aids-Linje, som nu har eksisteret i mere end 30 år.

I 1988 blev International Aids Society (IAS) oprettet og voksede sig efterfølgende stor og særdeles betydningsfuld for det internationale samarbejde på hiv/aids-området. Det er således IAS som gennem årene har arrangeret og stadig arrangerer de årlige internationale hiv/aids-konferencer. Det er blevet sædvane, at konferencerne afholdes på skift i de forskellige verdensdele, hvor man netop benytter lejligheden til at sætte fokus på hiv/aids-situationen i den pågældende verdensdel både sundhedsmæssigt, politisk og socialt.

Den økonomiske og organisatoriske side af Landsforeningens historie

Bygge- og Støttefonden, ejendommene, selskaberne og den samlede økonomi

Kort efter at Landsforeningen blev grundlagt, blev der dannet en bygge- og støttefond, der skulle gøre det muligt at få egne lokaler. Det blev det i 1966, og mange år var Pan Klub i København, Odense, Aalborg og Århus en vigtig bidragyder til Landsforeningens økonomi. En række andre aktiviteter bidrog til økonomien. Men det førte også interne udfordringer med sig.

Forbundet af 1948's Bygge- og Støttefond blev etableret i 1951. Formålet var i begyndelsen første og fremmest at indsamle midler til det egentlige formål: "at erhverve og drive lokaler til brug for lokalafdelingerne og Landsforeningen samt oprette og drive selskaber til lokale og/eller landsdækkende aktiviteter." (formulering af fundatsens i 1983).

I 1966 købte fonden ejendommen Åbenrå 33 i København, hvor man havde kontorer og drev "Lille Rosenborg" som klublokaler.

Fra 1970 blev Anpartsselskabet af 9/9 1970 etableret til at drive Lille Rosenborg, og samme år etableredes Pan Klub i restaurant Maritime i Nybrogade 28 i centrum af København. Driften af Pan Klub skete gennem Restaurationsselskabet af 21/3 1965. Begge selskaber ejedes af Bygge- og Støttefonden.

I 1976 købte fonden ejendommen Jægergårdsgade 42-44 i Århus og etablerede samtidig Anpartsselskabet af 18/8 1976 til at drive Pan Klub Århus.

I 1980 standsede driften af Pan Klub i Nybrogade og dele af ejendommen Knabrostræde 3 i København blev købt i stedet. Konstruktionen var den, at A/S af 21/3 1965 købte bag- og sidehus og derfra drev Pan Klub videre, mens fonden købte dele af forhuset til kontorlokaler, rådgivning, bogcafé, bibliotek og meget mere. Samme år blev ejendommen Åbenrå 33 solgt.

Året efter fik foreningen sit eget forlag idet man etablerede fonden Forlaget Pan ApS.

I 1982 blev Pan Klub Aalborg ApS. oprettet med det formål at drive Pan klubben i lejede lokaler i Aalborg/Nørresundby.

Landskasserer

Steffen Jensen blev første gang valgt ind i hovedbestyrelsen i 1981, og han fungerede som hovedkasserer i perioden 1981-1992. Han var desuden formand for Bygge- og Støttefonden fra 1981 til den blev nedlagt i 1984, og han var desuden formand for forlaget 1981-82 og direktør for samme 1982-85.

Op til en større strukturændring i organisationen i 1984 ejede og drev Bygge- og Støttefonden således 2 ejendomme, et aktieselskab, som på sin side ejede en ejendom, og tre anpartsselskaber.

Intern uenighed

Med købet af ejendommen Knabrostræde 3 i København og etableringen af café- og diskoteksdrift i lokalerne, fik organisationen en større omsætning, end den nogensinde havde haft, og i en lang årrække også betydelige nettoindtægter til gavn for foreningens arbejde – både politisk og på det sociale og oplysningsmæssige område.

Men det skabte også interne konflikter, da dele af foreningens medlemskreds ikke havde blik for, at med en større økonomi fulgte også et større behov for styring og økonomisk ansvarlighed. For nogle var indtjening et fyord. ”Det er vores hus, så vi skal kunne bruge det gratis!”, var en udbredt holdning i nogle kredse. Fx var det under stor modstand, at foreningens ledelse i 1982 besluttede, at Pan-Bladet skulle sælge annoncer. Noget så kommercielt var en vederstyggelighed for nogle! Det var vanskeligt at stille krav til det ansatte personale, idet dets arbejdsforhold og lønninger let kunne blive – og blev det i nogle tilfælde – et emne for medlemsmøder.

Det var også et problem, at indtægterne fra café- og diskoteksdriften – ikke bare i København, men også i den øvrige Pan klubber – blev fordelt på den måde, at entre- og garderobeindtægter gik til den pågældende lokalafdeling, mens varesalg og alle udgifter skete i det pågældende selskab. Det havde flere konsekvenser. Én af dem var, at lokalafdelingerne uden for København besatte entre- og garderobevagter med frivillige (i København var de ansatte af Pan Club), som ikke altid forstod hvor vigtigt det var at opkræve de fastsatte beløb – og nogle endda nok opkrævede beløbene, men beholdt en del selv. Vi forsøgte med mange kontrolmekanismer, men det var jo udtryk for mistillid, så det faldt sjældent i god jord. Der er ingen tvivl om, at mange penge er gået uden om foreningen på den måde.

En standhaftig myte

En anden konsekvens var, at selskabet, der drev Pan Klub København, kørte med løbende underskud, da indtægterne i døren ikke indgik, og dermed opbyggede en stigende negativ egenkapital. Det var muligt dengang.

Det var kun et problem i den forstand, at der navnlig i provinsen opstod myter om, at foreningens indtægter i provinsafdelingerne gik til at dække underskud i København. Det var aldrig tilfældet, men myter kan være standhaftige!

Nogle tal for Pan København:

År	Indtægter i døren	Omsætning	Selskabets resultat	Samlede resultat
1981	541.000	3.635.000	- 225.000	316.000
1982	525.000	3.471.000	- 246.000	269.000
1983	698.000	3.873.000	- 250.000	448.000

Pan Klub i København blev bortforpagtet

I 1984 blev Bygge- og Støttefonden nedlagt, og aktiviteterne blev lagt over i Landsforeningen - dog således, at alle de kommercielle aktiviteter (Pan klubberne og forlaget) blev samlet i et nyoprettet Pan A/S, og aktieselskabet og de tre anpartsselskaber blev nedlagt. Aktieselskabet ejedes af Landsforeningen, der ligeledes overtog alle ejendommene. Steffen Jensen var formand for Pan A/S fra oprettelsen i 1984 til 1992.

Samtidig blev det besluttet, at foreningen ikke længere selv skulle drive Pan Klub København på grund af de nævnte problemer, men derimod bortforpagte driften til mere professionelle forpagtere.

Fra 1. december 1984 blev Pan Klub København forpagtet til en gruppe, som til formålet stiftede Restaurationsselskabet af 1/12 1984 ApS, men allerede i løbet af 1985 afgik én af de drivende kræfter i selskabet, Hans Henrik Sprechler, ved døden som følge af aids. Dette indebar, at foreningen (ved Pan A/S) var nødt til at indtræde i forpagtningsselskabet med en 50 % ejerandel, medens den anden halvdel var ejet af Peter Leudesdorff, som var den anden drivende kraft i det oprindelige selskab.

I løbet af 1986 blev Peter Leudessdorff så syg af aids, at han måtte opgive at drive Pan Klub videre, og derfor var foreningen tvunget til at overtage hele det anpartsselskab, der drev Pan Klub.

Den 1. januar 1987 overtog Jan Bertelsen forpagtningen af Pan Klub København. Han drev Pan Klub meget professionelt med stadig stigende omsætning og dermed stigende forpagtningsafgift til foreningen. Da Jan Bertelsen på grund af (aids)sygdom i juli 1990 afhændede forpagtningen til Mogens Kjøller og Ole Ingrisch, var foreningens indtægt fra forpagtningen fordoblet siden 1987.

De to nye forpagtere ønskede allerede efter ét år af afhænde forpagtningen, som 1. august 1991 blev overdraget til Søren Nissen med den klausul, at der skulle etableres et kontrollerbart billetsystem i forbindelse med entreen, så foreningen kunne sikre sig, at samtlige indtægter indgik i beregningen af forpagtningsafgiften.

Da denne klausul ikke blev opfyldt trods en lang proces med gentagne rykkere, så vi ingen anden udvej end at ophæve forpagtningsaftalen som uopfyldt og anmodede fogedretten om at udsætte forpagteren ved en umiddelbar fogedforretning.

Fuld dommerfuldmægtig og død advokat

Efter et tre timer langt møde i januar 1992 i fogedretten konkluderede dommer(fuldmægtig)en, at sagen krævede en bevisførelse af et omfang, som ikke kunne finde sted i fogedretten, og henviste sagen til byretten. Det var ikke muligt efterfølgende at få en udskrift af retsbogen vedr. det pågældende retsmøde, da der ikke var ført protokol! Den pågældende dommerfuldmægtig var synligt beruset under retsmødet, og blev da også fyret kort tid efter! Der skete yderligere det, at foreningens advokat faldt død om uden varsel, og derfor kom sagen aldrig videre.

Omsætningen i Pan Klub faldt dramatisk i løbet af 1992 og første del af 1993, så foreningen indgik aftale med Søren Nissen om hans udtræden af aftalen, og herefter overtog foreningen selv driften i maj 1993.

Pan Klubber uden for København

Udover Pan Århus, som havde eksisteret siden 1976, og Pan Klub Aalborg blev der etableret tre andre Pan klubber i provinsen fra midten af 1980'erne: Pan Klub Odense i 1986, Pan Klub Kolding i 1988 og Pan Klub Aabenraa i 1990. De fem Pan klubber og forlaget Pan blev alle drevet som filialer af Pan A/S.

I 1986 oprettedes på grund af krav i lokalradiolovgivningen Radio Rosa ApS., hvis anparter var ejet af aktieselskabet Pan.

Foreningens samlede økonomi udviklede sig fint frem til 1988/89. I 1981 havde foreningen en samlet indtægt på ca. 1 mio. kr. og en samlet egenkapital på ca. ½ mio. kr. Det var i1988 steget til at indtægterne (inkl. overskud fra selskaberne) udgjorde 9,5 mio. kr. og den samlede egenkapital var vokset til ca. 6 mio. kr. Af indtægterne udgjorde de 6 mio. kr. tilskud til foreningens efterhånden meget omfattende aids-arbejde.

Tilskud til Aids-arbejdet

Tilskuddene til foreningens aids-arbejde begyndte i 1986. Københavns Kommune gav et tilskud til en aids-rådgiver på 150.000 og staten 864.000 kr. til forskellige forebyggelsesinitiativer, herunder ikke mindst Aids-Linien.

Tilskuddene voksende herefter gradvist år for år og var i 1990 oppe på 8.024.000 kr. Udover Aids-Linien og de forskellige forebyggende aktiviteter var nu også Stop-Aids-Kampagnen født.

Tilskuddene toppede i 1992 med 11.115.000 kr. og udgjorde året efter 9.883.000 kr. På det tidspunkt var der ansat 14 medarbejdere til det aidsforebyggende arbejde.

Kun et enkelt år – 1988 – fik foreningen et generelt ikke-øremærket tilskud til sit arbejde fra staten på 1.500.000 kr.

Økonomien vendte

Men fra 1990 vendte økonomien for foreningen som sådan i den forstand, at Pan klubberne ikke længere var den pengemaskine, foreningen havde levet af i mange år.

København holdt skansen frem til 1993, men det begyndte at gå tilbage i provinsen. I årene 1990 og 1991 gav Pan Århus et samlet underskud på 243.000 kr., Pan Aalborg et underskud på 214.000 kr. og Pan Odense et underskud på 332.000 kr. For Pan Odenses vedkommende hang det blandt andet sammen med, at man i protest mod den påståede flytning af midler til København havde besluttet at sælge øl til indkøbspris!

Medvirkende til udhulingen af foreningens økonomi var også, at der kun var afsat 15 % til administration, husleje og lignende af aids-bevillingerne, hvilket var mindre end de faktiske udgifter til disse formål.

Ved udgangen af 1991 var egenkapitalen skrumpet til 2,5 mio., kr., og organisationen havde samlet haft underskud i tre år i træk.

Det indebar, at Pan Klub Århus blev bortforpagtet fra den 1. august 1991, og Pan Klub Odense og Pan Klub Aalborg blev lukket i 1992.

I 1992 vendte billedet lidt, der blev skabt et samlet overskud, samtidig med at egenkapitalen voksede til lidt under 3 mio. kr. Men i 1993 gik det galt! Medlemstallet faldt, egenkapitalen blev spist op og blev negativ. Man forsøgte at sælge ejendommene og Pan A/S, men det trak ud – ejendomsmarkedet var mat, og interessen for Pan klubberne var ikke overvældende. Der var efterhånden kommet ganske mange andre tilbud på markedet.

I maj 1994 gik Landsforeningen og Pan A/S i betalingsstandsning, aids-arbejdet blev udskilt i den selvejende institution "Stop Aids", Pan Klub Århus blev solgt og senere i 1994 blev Pan Klub København lukket.

En glorværdig tid var slut og foreningen måtte finde nye veje efter en økonomisk rekonstruktion.

Aalborg-Legatet til fordel for Forbundet af 1948

Gennem en årrække gav Aalborglegatet en betydelig indtægt til Landsforeningen. Den stammede fra en arv.

Aalborg-Legatet blev oprettet i 1960 af den aalborgensiske overlærer Hollen Jørgensen – en bekendt af Forbundets stifter, Axel Axgil.

Legatet omfattede arv af hans villa på Anders Borks Vej 18 i Hasseris i Aalborg samt hans sommerhus i Blokhus. Hollen Jørgensen indsatte selv den første bestyrelse af Aalborg-Legatet, som bestod af Forbundet af 1948's advokat samt 2 medlemmer af Forbundets hovedbestyrelse, blandt andet foreningens formand. Disse 2 medlemmer udpegede selv deres efterfølgere, idet bestyrelsen var selvsupplerende - bortset fra foreningens advokat, som var født medlem af bestyrelsen.

Bestyrelsens opgave var at administrere de to ejendomme, idet der dog var en bestemmelse i legatet, som fastsatte, at Hollen Jørgensens yngre samlever, svenskfødte Lennart Berg, skulle bo husfrit i lejligheden på første sal i villaen til sin død. Hollen Jørgensen og Lennart Berg havde boet sammen i mange år, og mødtes engang, da Lennart Berg besøgte Aalborg i forbindelse med sit job som cirkusartist.

Villaen bestod af førstesalen, som Lennart Berg efter Hollen Jørgensens død rådede over, og en stueetage samt kælder. Kælderen blev i mange år anvendt som kontorlokaler for Forbundets lokalafdeling i Aalborg – blandt andet til rådgivningen.

Stueetagen var udlejet til eksterne lejere, men dele af stueetagen blev også i en periode, hvor Aalborg-afdelingen manglede lokaler, brugt til møder og sociale aktiviteter for afdelingen. Mange lokale bøsser og lesbiske husker således stadig "tirsdagsaftener" på Anders Borks Vej.

I løbet af årene støttede Legatet forskellige projekter i Forbundet (senere Landsforeningen) blandt andet købte man i løbet af 80'erne en hurtigkørende kopieringsmaskine til kassettebånd, så foreningens lokalradio i København - Radio Rosa - kunne kopiere udsendelserne om hiv/aids og sende dem til øvrige lokalradioer, Kulturministeriet og privatpersoner landet over. Derudover bidrog legatet til at skaffe startkapitalen til Aids-Fondet.

Legatet havde også beskedne indtægter gennem udlejning af sommerhuset i Blokhus, som i øvrigt var særdeles moderne og gennemisoleret, og derfor kunne anvendes hele året. Vi er mange, der har haft glæde af at leje sommerhuset på alle tider af året og har både holdt jul og nytår deroppe.

Sommerhuset blev enkelte gange også lejet ud til andre end Forbundets medlemmer. Nogle gange faldt det mindre heldigt ud, som da et midaldrende ægtepar fra Fyn fandt et ganske uskyldigt eksemplar af PAN-bladet (foreningens medlemsblad) i en skuffe og straks forlod huset, da de ikke ønskede at sove i de samme senge, som bøsser og lesbiske havde ligget i.

Imidlertid var Legatets indtægter i længden ikke tilstrækkelige til at dække vedligeholdelsen af villaen i Aalborg. Derfor var bestyrelsen på et tidspunkt desværre tvunget til at sælge sommerhuset for at skaffe penge til det løbende vedligehold af villaen på Anders Borksvej.

I 1996 døde Lennart Berg. Det betød, at Legatets daværende bestyrelse bestående af advokat Manfred Pedersen samt Bruno Pedersen og Bent Hansen, besluttede at afvikle Legatet og sælge villaen i Aalborg.

Overskuddet ved salget bevilgede Legatet til Landsforeningen, som netop stod for at skulle flytte til nye lokaler i Teglgårdstræde i København og derfor havde brug for kapital til flytning, indretning og huslejedepositum.

En overlærer fra Aalborg var således igennem mange år, qua sit legat til fordel for Forbundet, med til dels at give "husly" til medlemmer af foreningen, herunder ikke mindst Aalborg-afdeling og dels at give tilskud til aktiviteter og ikke mindst til at sikre fremtiden, da foreningen skulle flytte til nye lokaler.

Landsforeningen lavede landsindsamling

'Godaften. Mit navn er Hanne Reintoft. Jeg vil gerne benytte lejligheden til at fortælle om Mødrehjælpens arbejde, og hvordan De kan støtte Mødrehjælpens arbejde. Det kan de gennem Mødrehjælpens landsindsamling'.

Sådan lød det et par minutter før 18.30-Radioavisen på et tidspunkt i løbet af 1981. Foreningens næstformand, Bent Hansen, hørte Hanne Reintofts opfordring og tænkte: Når Mødrehjælpen kan have en landsindsamling, så kan Landsforeningen for bøsser og lesbiske da også.

Han gik straks i gang med at undersøge mulighederne. Det var nødvendigt at få en tilladelse fra politiet. Det var let nok, da foreningen umiddelbart kunne opfylde alle de betingelser, som politiet dengang stillede.

Med polititilladelsen blev landsindsamlingen søsat, og næste skridt var en henvendelse til Danmarks Radio med en anmodning om omtale i radioen ligesom Mødrehjælpen. DR meddelte, at det kunne sagtens lade sig gøre, blot skulle foreningen sende et manuskript af den tekst, som skulle læses op, hvilket man almindeligvis fik 1,5. minutter til. Derudover havde man selv mulighed for at indtale teksten eller lade DR sørge for det. Landsforeningen prøvede at få en kendt skuespiller med en behagelig stemme til at indtale teksten. Det var den pågældende ikke interesseret i, så resultatet blev, at Bent selv mødte op på radioen og indtalte den tekst, som han i øvrigt også selv havde forfattet.

Det viste sig, at organisationer, som havde landsindsamlinger ikke bare kunne få adgang til radioen og reklamere for sig selv, men også en gang om året kunne få et skilt på TV med fokus på indsamlingen med gironummer mv. Det var i øvrigt DRs egen grafiker, som efter foreningen anvisninger fremstillede det skilt, som skulle vises på tv-skærmen.

Landsforeningen ønskede som logo, at skiltet skulle vise dobbelt mandetegn og dobbelt kvindetegn. Og sådan blev det. Naturligvis skabte det en del forargede indlæg i dagspressen. Det var kun udmærket, for så fik foreningen og foreningens landsindsamling endnu mere omtale og opmærksomhed.

Det var nu ikke, fordi pengene væltede ind på kontoen. Dog kom der dog på et tidspunkt fra en anonym giver 500.000 kr. Først troede foreningens hovedkasserer, at det var en fejl, men nærmere undersøgelser viste, at det ikke var en fejl. En rig lesbisk havde ønsket at støtte foreningen med et så stort beløb.

Et andet år kunne foreningen glæde sig over, at et minut efter, at Bents opfordring om støtte var blevet sendt i radioen, så smed Bents nabo en check på nogle hundrede kroner ind ad brevsprækken.

Tips/lotto midler

I adskillige år søgte Landsforeningen med stort held såvel driftsmidler som midler til særlige projekter og aktiviteter af de såkaldte tips/lottomidler. Både Indenrigsministeriet, Sundhedsministeriet og Kulturministeriet bevilligede i flere år tips/lotto midler til Landsforeningen.

Gentagne gaver - § 8 A midler

Da Landsforeningen opfyldte betingelserne for at være almen velgørende, kunne vi også modtage gaver i henhold til ligningslovens § 8A, som gik ud på, at hvis en giver forpligtede sig til at give et beløb på mindst 500 kr. hvert år i ti år, kunne vedkommende trække beløbet fra på sin selvangivelse. Der skulle indgås en formel aftale med foreningen om gaverne.

Vi indgik aftale med 20-30 personer, som hver gav 5000 kr. – svarende til 500 kr. i ti år – på én gang. Det gav foreningen et kapitaltilskud. Det var formelt et lån, som vi afdrog hvert år i form af en kvittering på 500 kr., som kunne bruges til selvangivelsen.

Op gennem 1980'erne gjorde vi den årlige kvitteringsudveksling til en lille begivenhed, hvor vi inviterede donorerne til et glas og fortalte om foreningens arbejde og udvikling i det forløbne år.

Andre historier

Landsmøder

Det var almindeligt, at Landsforeningen en gang om året afholdt landsmøde på skift i de forskellige lokalafdelinger rundt om i landet. Der var mange forsøg på at få pressen til at interessere sig for vores landsmøde, men det var noget op ad bakke. Så fik vi den idé at invitere en kendt politiker til at indlede mødet med en åbningstale. Første gang det blev afprøvet var i 1982 i Århus, hvor vi inviterede den daværende borgmester Thorkild Simonsen. Heldigvis sagde han ja tak til invitationen og holdt en glimrende velkomsttale. Netop Thorkild Simonsens tilstedeværelse betød, at Danmarks Radio sendte et tv-hold og bragte et indslag i aftenens TV-avis.

Mediernes interesse betød imidlertid også, at vi var nødt til at aftale med journalister og ikke mindst fotografer/kameramænd, at de ikke måtte tage billeder eller filme uden deltagernes tilladelse. Der var stadig mange af foreningens medlemmer, som var 'i skabet' og derfor ikke ønskede deres foto i avisen eller på TV.

Efter landsmøderne blev det også helt almindeligt at udsende pressemeddelelser om de beslutninger, der var blevet truffet på mødet, hvilket ofte førte til efterfølgende interviews med Ritzau og andre medier.

Lokalafdelingerne

Landsforeningen var – som navnet angiver – en forening, der dækkede store dele af landet. Det var en tid, hvor det var svært at møde andre bøsser og lesbiske, hvis ikke det skete gennem en forening. Landsforeningen afholdt i 80'erne en række møder med andre bøsse/lesbiske organisationer rundt om i landet, og disse møder førte i mange tilfælde til oprettelse af lokalafdelinger. Derfor havde Landsforeningen frem til 1990'erne lokalafdelinger i København, Århus, Aalborg, Odense, Kolding, Esbjerg, Aabenraa og Holbæk. Og der var Pan klubber i København, Århus, Aalborg, Odense, Kolding og Aabenraa.

København vs. Provinsen

Som i alle organisationer havde vi hovedstad-provins konflikter. Langt de fleste medlemmer kom fra København, og det betød, at aktivitetsniveauet i København naturligt var en del større end i de mindre lokalafdelinger, og det gav anledning til en del utilfredshed navnlig i Århus. Vi havde ellers en meget velfungerende afdeling i Århus en veldrevet Pan Club, men alligevel var der ofte konfrontationer.

En uudryddelig myte var, at der gik penge fra indtjeningen i provinsen (navnlig Århus) til at dække underskud i København. Steffen var som hovedkasserer ofte i Århus for med klare tal at dokumentere, at det ikke var tilfældet. Men de troede ikke på ham!

I Odense gik man så vidt, at man på et tidspunkt valgte at sælge øl i Pan Club til indkøbspris – for der skulle ikke tjenes penge til København! Det betød et tab – som måtte dækkes "fra København" på ca. 600.000 kr. og betød i sidste ende, at Pan Club Odense måtte lukkes. Det indebar også, at mange af foreningen medlemmer på Fyn meldte sig du og dannede foreningen Lambda Fyn.

Anerkendelse af Landsforeningens arbejde

Landsforeningen har modtaget flere priser og udmærkelser for det arbejde, den har udført. I 1984 blev det til IKEA-prisen og fire år efter Døssingprisen.

IKEA-prisen

I 1984 var Landsforeningen blandt modtagerne af IKEA-prisen, som bestod af Den Gyldne Stol og et kontant beløb, uddelt til tre:

1. Cirkus Benneweis v/Eli Benneweis
2. Landsforeningen v/Henning Sandau
3. Forfatteren Poul Ørum

Det ligger hverken prestigemæssigt eller økonomisk på niveau med Nobelprisen; men mindre kunne jo også gøre det. En hædersbevisning er det.

Vi var måske lidt beklemte ved udsigten til beskyldninger fra Landsforeningens medlemmer for, at vi ved at tage imod prisen, var med til at give IKEA et mere progressivt image. Men begrundelsen for, at foreningen skulle have prisen, blev afgørende. Vi fik prisen for *Landsforeningens meget synlige og meget aktive indsats over for offentligheden.* Især hiv/aids-bekæmpelsen havde gjort Landsforeningen meget synlig.

Ifølge kunstneren Peter Bonnén, som var formand for priskomiteen dengang, var IKEA "langt fremme i skoene" indtil midt i 1990'erne. Stolen er designet af Leif Alring, der iflg. Bonnén "lavede nogle meget fine møbler for IKEA".

Henning Sandau, Kurt Sandau og to andre deltagere, kørte hjem fra IKEA i Tåstrup i taxa efter prisoverrækkelsen - den trak noget ud - derfor taxaen hjem til Knabrostræde 3, hvor der var inviteret til reception.

Undervejs åbnede Henning for kuverten med diplomet og checken og siger: "Hvad gør vi? Checken er for stor til vores anden-pris. Vi har fået checken til Benneweis, men den er udskrevet til Landsforeningen!"

Vel hjemme i Knabrostræde blev stolen stillet på baren i stueetagen, og der var boblevand og pindemadder til gæsterne.

Men hvad' med checken? Det var fredag sidst på eftermiddagen. Vi kunne jo ikke så godt hæve den. Henning tog checken i inderlommen og Kurt tog stolen med hjem i privaten i Vestergade i en Netto-pose. Og der stod stolen faktisk i sikker tryghed i en årrække.

Efterfølgende mandag ringede Henning til IKEA: Hvad gør vi? Svaret lød: Sæt pengene i banken, de er jeres.

Vi fandt senere ud af, at vi efter IKEAs mening fik førsteprisen, og at Benneweis var nr. 2. Ja, hvad skal man nu tro? Der er ingen tvivl om, at Eli Benneweis var den første til at takke - der er selvfølgelig den mulighed, at vi begge var blevet nr. 1. Det endte Landsforeningen i hvert fald med at blive.

Døssingprisen

I 1988 fik Landsforeningen for bøsser og lesbiske 'Døssingprisen', som er Bibliotekarforbundets hæderspris. Vi fik prisen for hiv/aids-arbejdet. Prisen var på 25.000 kr. og opkaldt efter Thomas Døssing som var bibliotekar og Danmarks første biblioteksdirektør. Han spillede en stor rolle ved udformningen af det danske folkebiblioteksvæsen.

Da Landsforeningen blev involveret i et mord i Esbjerg

Landsforeningen blev involveret i eftervirkningerne af et mord på en mand i Esbjerg, der viste sig at have levet et skjult bøsseliv. Det førte i 1979 til en klapjagt på bøsserne i byen, og politiet oprettede et kartotek. Vi demonstrerede i protest og fik løfter om at kartoteket ville blive destrueret, når sagen var afsluttet. Det skete først 15 år efter.

Torsdag d. 12. juli 1979 blev den 43-årige Teddy Laustrup fundet myrdet i sin villa i Esbjerg. Under efterforskningen fandt politiet hurtigt ud af, at Teddy havde levet et skjult bøsseliv ved siden af sit heteroseksuelle liv. Især om aftenen var Teddy en hyppig gæst i Byparken i Esbjerg, som var et kendt træffested for bøsser.

Med den viden gik Esbjergs politi straks i gang med en sand klapjagt på bøsserne i Esbjerg, da deres teori var, at det nok var en anden bøsse, som havde slået Teddy ihjel. Politiet brugte barske metoder i deres efterforskning og oprettede ligefrem undervejs et kartotek over bøsserne i Esbjerg, og under trusler af at ville afsløre skabsbøsserne, fik de mange til at angive andre mænd, som de havde kendskab til også havde sex med mænd.

Landsforeningen protesterede kraftigt over politiets metoder i sagen, og vi arrangerede i samarbejde med Bøssernes Befrielsesfront og lokale bøsser i Esbjerg en protestdemonstration i byen. Mange bøsser fra København og Århus tog til Esbjerg, hvor der først var møde med den lokale politimester, derefter demonstrationsmarch gennem Esbjerg til Byparken, hvor politikere fra SF og VS holdt tale, ligesom Bent fra Landsforeningen talte, og BBF underholdt med protestsange.

Efter demonstrationen holdt vi møde med nogle lokale bøsser og talte om muligheden for at oprette en lokalafdeling af Landsforeningen i

Esbjerg. Som en festlig afslutning var der arrangeret fest og dans om aftenen.

På det politiske plan holdt foreningen møder med en række politikere, som var ligeså vrede over politiets fremgangsmåder i efterforskningen, som vi var. De politiske kontakter resulterede i vedtagelsen af en folketingsbeslutning, som understregede, at alle personhenførbare oplysninger, som politiet havde registreret under efterforskningen i en kriminalsag, som fx bøssekartoteket i Esbjerg, skulle destrueres, så snart sagen var afsluttet og den/de skyldige dømt.

Det viste sig, at morderen var en engelsk sømand, der blev anholdt i England nogle måneder senere og idømt fængsel på livstid.

15 år senere stødte Bent under oprydning i foreningens arkiv på al materialet om mordsagen, herunder den omtalte folketingsbeslutning. For en ordens skyld skrev foreningen til Statsadvokaten i Esbjerg for at få bekræftet, at 'bøssekartoteket' i Esbjerg var tilintetgjort, sådan som Folketinget havde besluttet 15 år tidligere. Statsadvokaten svarede, at han med beklagelse måtte tilstå, at materialet stadig eksisterede, men at han straks ville tage skridt til at opfylde Folketingets beslutning.

Landsforeningen havde tidligere - vel i slutningen af 1970'erne - været involveret i en drabssag, denne gang i København. Også dengang startede efterforskningen med at hele bøssemiljøet blev gennemtrawlet. Motivet kunne jo være, at man ønskede at få mere kendskab til bøssemiljøet - eller også måtte et drab på en bøsse været begået af en anden bøsse. Henning Sandau blev inviteret til et kort informationsmøde med drabschefen på Københavns Politigård. Det kom der ikke mere ud af, end at Henning Sandau efterhånden, som tiden gik, måtte melde afbud til sin arbejdsplads. Gentagne gange kunne han i øvrigt tydeligt høre lyden af en båndoptager, der optog samtalen. Mødet blev så ikke kort, men det var professionelt, og der var ingen aggressioner i luften. Senere fik Landsforeningen et fint samarbejde med politiet om bekæmpelse af hadforbrydelser.

Tidslinje

1948:

- ”Kredsen af 1948” stiftes i Aalborg, men skifter hurtigt navn til ”Forbundet af 1948” efter trusler fra en nonneorden, som mente at have eneret til ”Kredsen”.

1949

- Bladet ”Vennen” udkommer som medlemsblad.

1950

- Landsforeningen afholder sin første egentlige generalforsamling
- Afdeling i Norge og i Sverige
- Klublokaler i Ølandshus på Amager

1951

- Forbundet af 1948's Bygge- og Støttefond oprettes med et formål at indsamle midler til at købe en ejendom
- Afdeling i København

1952

- ”Vennen” bliver selvstændig
- Den norske afdeling bliver selvstændig under navnet ”Det Norske Forbundet af 1948”

- Den svenske afdeling bliver selvstændig under navnet ”Riksförbundet För Sexuellt Likaberättande”

1954 – 2007 og i 2009

- Pan-bladet udkommer

1955

- ”Den store pornografi-affære” betyder, at Axel og Eigil (senere Axgil) blev fængslet og mange begår selvmord pga. politiets efterforskning og behandling af homoseksuelle

1961

- ”Den grimme lov” vedtages i Folketinget

1965

- ”Den grimme lov” ophæves

1966

- Ejendommen Åbenrå 33 i København købes

1967

- Straffeloven harmoniseres for så vidt angår heteroseksuel og homoseksuel prostitution

1969

- Afdeling i Aalborg

- Foreningen optages i Foreningsregistret

- Stonewall oprøret i New York sætter sig spor i hele den vestlige verden

1970

- Afdeling i Århus
- Etablerer Pan Klub i Maritime, Nybrogade 28
- "Vennen" lukker

1971

- Afdeling i Odense
- Bøssernes Befrielsesfront (BBF) dannes

1973

- Offentlig dans for herrer tillades

1974

- Lesbisk Bevægelse dannes

1976

- Ens lavalder for homo- og heteroseksuelle forhold
- Ejendommen Jægergårdsgade 42-44, Århus, købes og Pan Klub, Århus åbnes

1978

- ILGA stiftes med Landsforeningen som medstifter

1979

- Demonstration mod det iranske præstestyre

1980

- Ejendommen Knabrostræde 3 købes

1981

- Homoseksualitet fjernes fra Sundhedsstyrelsen sygdomsliste
- Forslag fra foreningen om en ægteskabslov omfattende personer af samme køn
- Besættelse af justitsministerens kontor
- "Gå-ud-grupperne" dannes

1981-82

- Ejendommen Åbenrå 33 sælges

1982

- Navneskift til "Landsforeningen for Bøsser og Lesbiske, Forbundet af 1948"
- Pan Klub Aalborg åbnes
- Pan bladet åbnes for kommercielle annoncer

1980'erne

- Lokalafdelinger i København, Århus, Aalborg, Odense, Kolding, Esbjerg, Aabenraa og Holbæk

- Pan klubber i København, Århus, Aalborg, Odense, Kolding og Aabenraa

1983

- Radio Rosa etableres
- Bibliotek og bogcafé for bøsser og lesbiske etableres

1984

- Omfattende samarbejde med sundhedsmyndighederne om aids påbegyndes
- Bygge- og Støttefonden nedlægges og aktiviteterne integreres i Landsforeningen som led i en stor organisationsændring i Landsforeningen
- Pan Klub København bortforpagtes første gang
- Pan Idræt oprettes som en del af Landsforeningen

1984-1988

- Folketingets Homokommission arbejder

1985

- Aids-fondet oprettes
- AIDS-INFO, Fyn oprettes

1986

- Samlevende personer af samme køn sidestilles med ægtefælles i relation til arveafgift

- Stop-Aids-kampagnen begynder
- Aids-linjen etableres
- Pan Klub Odense åbnes
- Filmfestivalen dannes

1987

- Forbud mod diskrimination på grund af seksuel orientering
- Den første "Spring-ud-avis" udkommer

1988

- Pan Klub Kolding åbnes
- "Spring-ud-avisen", version 2 udkommer
- Homokommissionen udsender sin betænkning "Homoseksuelles vilkår"

1989

- Registreret partnerskab indføres i Danmark som det første land i verden

1990

- Pan Klub Aabenraa åbnes

1991

- Pan Klub Århus bortforpagtes

1992

- Pan klubberne i Aalborg, Odense, Kolding og Aabenraa lukkes

1993

- Foreningen overtager igen selv driften af Pan Klub København
- HIV-Pensionatet åbnes

1994

- Økonomisk kollaps i Landsforeningen!
- Ejendommene sælges og foreningen flytter til lejede lokaler
- Pan Klub Århus sælges
- Pan Klub København lukkes

1994 – 1998

- Xpansion udkommer

1995

- Landsforeningen flytter ind i baghuset i Teglgårdstræde 13 og fylder alle husets etager op med bogcafé/mødelokale, bibliotek og arkiv, kontorer, Pan-bladet, Radio Rosa og øvrige aktiviteter.

1996

- Forbud med forskelsbehandling på arbejdsmarkedet bl.a. på grund af seksuel orientering
- ”Nomader – på kant med køn og kultur” udkommer i en dobbeltsproget udgave
- EuroPride i København

1997

- Ritual for kirkelig velsignelse af et registreret partnerskab
- Forbud mod kunstig befrugtning af lesbiske og enlige kvinder

1998

- ”Homo Bravo” om unge bøsser og lesbiske udkommer

1999-2001

- Landsforeningen udgiver magasinet Zink

1999

- Ved revision af lov om registreret partnerskab bliver Danmark det første land i verden, der anerkender to juridiske forældre af samme køn, da registrerede partnere får adgang til stedbarnsadoption
- International Afdeling oprettes

2002

- Landsforeningen inkluderer biseksuelle i sit politiske program.

2004 – 2006

- ”Barometer” udkommer til 2. sektion i Pan-bladet

2006

- Med én stemmes flertal vedtager Folketinget at ophæve forbuddet mod kunstig befrugtning til lesbiske og enlige.
- Landsforeningen opnår NGO status i forhold til FN.

2007

- Landsforeningen flytter i København til Nygade

2008

- Landsforeningen inkluderer transpersoner

2009

- ”shOUT – homo, bi og trans” udkommer
- Lesbiske med-mødre får ret til stedbørnsadoption
- World OutGames i København
- Foreningen skifter navn til LGBT Danmark, Landsforeningen for Bøsser, Lesbiske, Biseksuelle og transpersoner

2010

- Par af samme køn får adgang til adoption

2011

- LGBT-området nævnes for første gang i et regeringsgrundlag

2012

- Folketinget vedtager lov om ægteskab for par af samme køn – og dermed et farvel til det registrerede partnerskab

2013

- Folketinget vedtager en banebrydende børnelov, som håndterer regnbuefamilier bedre end andre lande
- Flygtningenævnet beslutter, at LGBT-personer, der får asyl, anerkendes efter flygtningekonventionen
- LGBT Danmark starter sit første projekt i Tanzania om empowering af lokale LGBT-organisationer.

2014

- Som det første land i Europa og det tredje land i verden gør Danmark det muligt selv at vælge sit juridiske køn

2016

- Folketinget beslutter énstemmigt at fjerne trans-diagnosekoderne fra afsnittet om psykiske lidelser og adfærdsforstyrrelser

2018

- Regeringen udsender LGBT handlingsplan.